# 金碩文

CEO 휴먼다큐 평전

**신일팜글라스 김석문 회장**

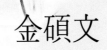

**기업가**의 소명에 **품격**을 더하다

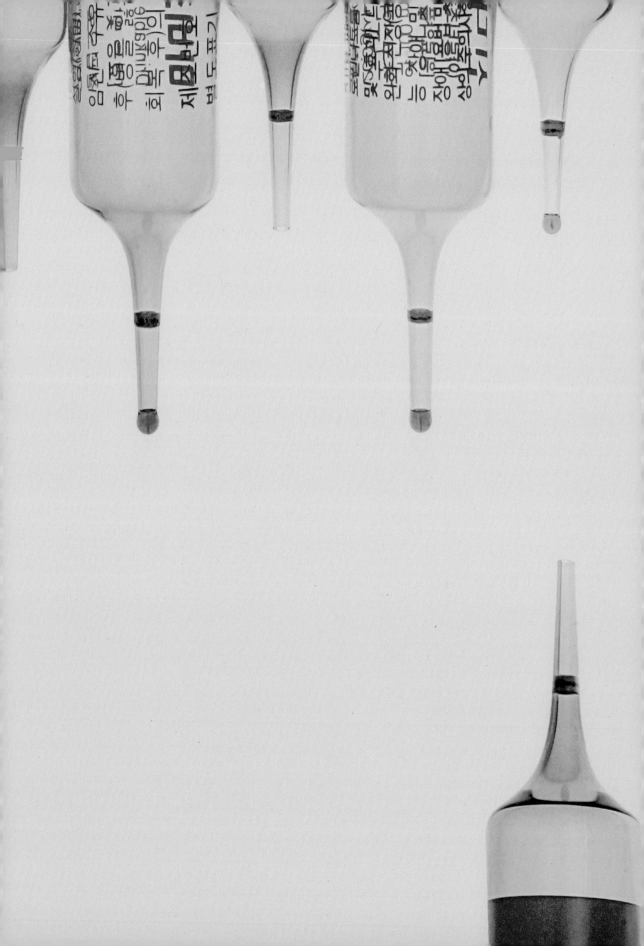

사람들은 대부분 자기가 잘나서,
좋은 운세를 타고나서,
그 많은 것들을 누리게 된 거라 생각합니다.

—

하지만 정말 그럴까요?

수많은 사람들의 희생과 배려,
진심어린 기도가 없었다면
우리가 지금의 자리에까지 올 수 있었을까요?

———

누구든 혼자서는
어두운 바다를 건널 수 없습니다.
혼자서 뿌리내리고 성장하는 나무도 없습니다.

기업의 소명에 품격을 더하다

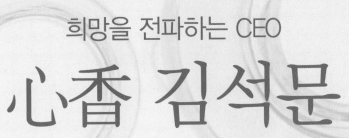

희망을 전파하는 CEO

心香 김석문

# 고백

삶이란 참 묘합니다. 의도치 않았던 사유로 한 순간에 새로운 일이 벌어지기도 하고, 뜻하지 않게 티핑 포인트가 되어 인생의 로드맵을 확 바꿔놓기도 하는 것 같습니다. 인생 70이면 '뜻대로 행해도 어긋나지 않는다'고 합니다만, 아직도 무엇을 처음 시작한다는 것은 매우 어렵고도 결단이 필요한 일입니다.

7개월여 전 햇살이 아주 좋았던 어느 날, 공주 소재 사업장에서 인터뷰이가 되어 인생의 후배들에게 제 삶과 비즈니스 이야기를 들려주면서 잊고 지냈던 30여 년 전의 어느 순간으로 시간여행을 떠났습니다. 평소 이런저런 인연을 이어오던 한영섭 인간개발연구원장의 소개로 출판사 FKI미디어의 김영희 대표와 에디터, 창업 콘텐츠 전문 스타트업 대표 유병온 기자를 처음 만난 것입니다.

이른 아침 서울을 출발해 3시간여를 달려 내려온 인터뷰팀은 철저하게 영업맨으로 살아온 제 지난 시간과 함께 하나님께 감사하며 살아가고자 하는 제 인생 2막에 특별한 관심을 표하면서 많은 이야기를 들려달라고 청했습니다.

저는 무척이나 망설였습니다. 삶의 궤적들을 말로 풀어 책으로 펴낸다는 게 얼마나 교만하고 두려운 일인지를 잘 알기 때문이었습니다. 경우에 따라서는 괜한 오해를 불러일으켜 후회할 일이 생길지도 모른다는 걱정이 앞섰습니다. 돌이켜보면 지난 시간에 후회는 없지만, 제가 걸어온 그 길은 늘 꽃길만은 아니었습니다. 게다가 때로는 의도치 않게 가까운 사람들에게 상처를 준 순간도, 더러는 회한 가득하게 떠오르는 아픈 순간도 있었기에 옛일을 떠올린다는 건 그리 녹록치 않았습니다.

돌아보니 그 첫 만남에서 제 마음 저 한 켠에서는 인생의 1막을 정리하고 넘어가고픈 작은 욕심이 스멀스멀 일어나고 있었던 듯싶다고 고백합니다. 어렵게 창업을 하고 수성을 하기 위해 열심히 뛰어온 지난날들이 주마등처럼 스쳐 지나가면서 이 모든 시간을 함께해온 가족과 동료, 주요 고비마다 기회를 주고 응원해주셨던 은인들의 얼굴이 동시에 떠올랐습니다. 평소 그다지 살갑지도 못하고 마음을 표현하는 데 인색하고 서툴렀던 것을 활자로라도 풀어내 감사를 표하고 싶었습니다.

이후 충남 공주의 사업장과 서울 송파 사무실을 오가며 가진 인터뷰에서 부끄럽지만 최선을 다해 살아온 제 지난날에 대해 솔직하게 이야기하고 오늘의 저와 신일을 만들어준 가족과 은인, 동료들에게 고마운 마음을 전했습니다. 아프리카 케냐의 미래를 만들어갈 사랑의학교 사업에 왜 열정을 기울이고 있는지, 그리고 재단법인 심향을 통해 가꾸고 만들어갈 꿈에 대해서도 이야기했습니다.

혼자서 성장하는 나무는 없습니다. 저의 오늘은 많은 사람들의 희생과 배려, 진심어린 기도에서 비롯된 것임을 잊지 않겠습니다. 아직도 많이 부족한 존재입니다만, 그동안 받았던 사랑과 은혜에 감사하면서 희망을 전파하는 CEO가 되겠습니다. 그리고 하나님으로부터 받은 은총을 이 땅과 지구촌의 삶을 풍요롭게 하고 나누는 사람이 되겠습니다.

늘 저를 지지해주고 함께해온 아내와 아들 인택, 딸 별희. '고맙습니다. 그대들이 오늘의 나를 있게 한 주인공들입니다.'

2017. 7

인터뷰이 Interviewee

김석문

# Contents

Part
01

# at a glance

# 김석문이
걸어온 길

**김석문**이 걸어온 길

출생
# 1948.5.2

金碩文
KIM SUK MOON

—

# 心香

주요 이력

# 2017

現 (주)신일팜글라스 대표이사
現 (주)에이치케이피 대표이사
現 우리은행 잠실나루지점 명예지점장
現 전경련 IMI 이사 및 운영위원
現 인간개발연구원(HDI) 이사 및 운영위원

 학력

1969 진주동명고등학교

1971 영남대학교 기계학과

1993 동국대학교 경영대학원 경영학과

1999 세종대학교 행정대학원 최고보건산업정책과정
     IMI 전경련 국제경영원 글로벌 최고경영자과정

2001 IMI 전경련 국제경영원 e-Biz 정보최고경영자과정

2005 IMI 전경련 국제경영원 LBLA(Leader's Best Life Academy)

2006 카네기연구소 최고경영자과정

2007 명지대학교 크리스천 최고경영자과정
     송경연 최고경영자연구과정

2012 삼성생명 CEO아카데미

주요 수상내역

## 1999.07
전경련 국제경영원 우수리더상 수상

## 2001.02
국민은행 유망중소기업인 선정

## 2002.02
중소기업은행 우수기업인 감사패 수상

## 2003.04
전경련 국제경영원 공로상 수상

## 2004.03
표창장(공주시청) 수상

**2006.01**

전경련 국제경영원 우수지식경영인상 수상

**2006.12**

봉사상(전국경제인연합회) 수상

**2007.03**

우수납세자상(공주세무서) 수상

**2008.03**

표창장(공주세무서) 수상

**2010.05**

생산성혁신 CEO 대상 수상

**2012.05**

지식경제부 장관 표창장 수상(우수중소기업인 표창장)

**2014.07**

중소기업청장 표창장 수상

**2015**

HDI 1회 명예의전당 최고의 명예 대상 수상

**2016**

인간개발연구원 공로상 수상

# keyword

김석문의
**삶** 속 **키워드**

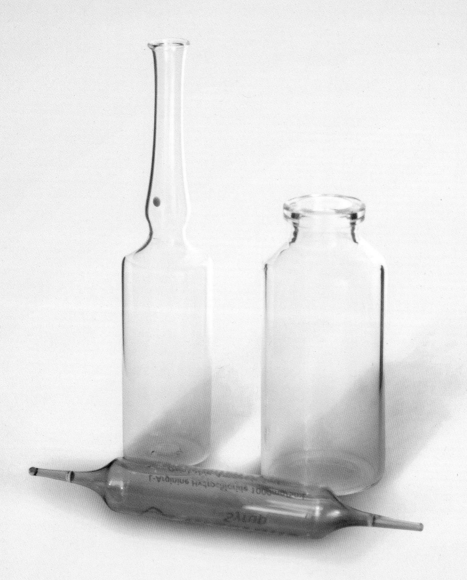

# 바이알&앰플

---

바이알(vials)과 앰플(ampoules)은 병원·약국 등에서 흔히 볼 수 있는 유리제 소형용기다. 김석문 회장은 50년 가까이 바이알·앰플을 만드는 의료용기 제조업체에 몸담으며 외길 인생을 걸어왔다. 김 회장이 처음 일을 시작하던 1970년대 초반만 하더라도 시설과 장비가 열악해 기술자들이 전통 방식대로 벌겋게 달아오른 유리덩어리를 입으로 일일이 불어가며 용기를 제작했다. 1977년 제4차 경제개발 5개년 계획으로 생활보호대상자 등에 대한 의료사업이 실시되고 많은 국민들이 의료보험의 혜택을 받기 시작하면서 의료시장이 커지고 인프라도 발전해갔다. 김 회장은 근로자들의 열악한 근로환경을 개선시키고 의료용기의 품질을 높이기 위해 유럽과 미국 등지를 직접 찾아다니며 선진기술을 습득하고 자동화 기계라인을 들여오기 위해 바쁘게 뛰어다녔다. 그 결과, 신일팜글라스는 국내에서 가장 안전하면서도 경쟁력 있는 의료용기를 생산해내는 전문업체로 자리 잡았고, 국내 의료기기 산업 발전과 국민 건강에 크게 기여하였다.

# 도자기

인생에서 호시절만 있는 것은 아니다. 바르게 걸어왔어도 전혀 예상하지 못한 구렁에 빠질 수 있다. 김석문 회장은 부도 난 신일유리를 인수하며 CEO로서 첫발을 내딛고 화려한 인생의 전환점을 맞았다. 하지만 신이 그의 강직함을 시험해보고자 했던 것인지, 그는 곧바로 시련에 맞닥뜨리게 됐다. 김 회장이 15여 년간 몸담았던 이전 회사를 배신하고 나왔다는 말이 업계에 돌면서 모든 제약회사들이 거래를 끊겠다고 한 것이다. 전혀 예상치 못했던 난제였다. 김 회장은 오해를 풀고자 거래 제약회사를 직접 찾아다니며 인정에 호소했다. 그때 어둠 속 한 줄기 빛처럼 선뜻 은혜를 베풀어준 귀인이 있었다. 이천에 사는 유명한 도자기 장인이 김 회장의 사정을 헤아려 몇백만 원짜리 도자기 여러 점을 헐값에 내어준 것. 부도 난 회사를 추스르느라 자금의 여유가 없던 김 회장에게 도자기는 무엇과도 바꿀 수 없는 귀한 선물이었다. '신이 다시 길을 열어주시는구나.' 그는 마음을 가다듬고 도자기를 품에 한 점씩 챙긴 채 다시 전심전력으로 달리기 시작했다.

(주)신일팜글라스

김 석 문 회장

# 조찬회(朝餐會)

김석문 회장은 조찬 강연 예찬론자다. 전경련, 인간개발연구원 등 각종 기관에서 주최하는 CEO 조찬 강연에 지난 25년간 빠지지 않고 참석해왔다. 매달 참석하는 곳만 해도 10군데가 넘는다. 본사가 충남 공주에 있어 운신의 폭이 넓지 않지만 특유의 열정을 가지고 참석하고 있다. 조찬회는 김 회장에게 효율 높은 배움의 장이다. 단시간 내에 전문가의 지식을 빠르게 흡수할 수 있고, 평소 잘 모르던 분야도 접할 수 있어 스펙트럼을 넓히는 데 제격이기 때문. 김 회장은 앞자리에 앉아 강연을 녹취한 다음 공주로 내려가는 버스에서 다시 들으며 내용을 되새긴다. 좋은 강연이 있으면 직원들과 함께 참석하기도 한다. 여러 분야의 CEO들과 네트워크를 맺으며 시대의 큰 흐름을 읽을 수 있는 기회이기 때문에 김 회장은 남들보다 일찍 하루를 시작하며 오늘도 새벽길을 나선다.

# 씨드머니(Seed Money)

김석문 회장이 처음으로 회사생활을 시작하던 때, 그의 첫 월급은 1만 8,000원이었다. 1970년대 당시 시내버스 요금이 10원, 짜장면이 100원 하던 시절이다. 그때 김 회장은 월급을 받으면 매달 1만 5,000원씩 저축했다. 1년이 지나니 손에 20만 원이 쥐어졌다. 성실히 회사생활에 임했던 김 회장에게 회사는 집을 얻어주겠다며 제안했지만 워낙 신세 지는 것을 싫어하는 성격 탓에 그는 적금으로 탄 20만 원으로 전세를 얻었다. 5년이 지난 뒤에는 20만 원이 110만 원으로 불어났다. 그 돈으로 이전보다 더 좋은 집을 얻을 수 있었다. 산꼭대기의 7평, 방 두 칸짜리 집에서 처음 보금자리를 마련했던 김 회장은 그렇게 차츰차츰 돈을 불려 총각 때 잠실의 15평짜리 아파트를 450만 원에 매입하기에 이르렀다. 김 회장은 "그 20만 원이 오늘날 나를 만들었다"며 술회한다. 또한, 꿈을 담보로 한 최소한의 씨드머니(Seed Money)가 있어야 한다고 강조한다. 직원들에게 종종 하는 "차 팔아라" "저축해라"는 잔소리 아닌 잔소리도, 이러한 그의 경험에서 나온 것이다.

# 백팩(Back Pack)

김석문 회장은 실용주의자다. 회장이라고 해서 운전기사를 따로 두는 게 아니고, 서울과 공주를 오갈 때도 별일이 없다면 고속버스를 이용한다. 서울 시내를 돌아다닐 때도 보통 지하철이나 버스를 이용해 다닌다. 신일유리 사장이 되었을 때부터 쭉 그래왔다. 과한 의전은 필요 없다고 생각하기 때문이다. 대중교통을 자주 이용하다 보니 거추장스러운 것보다는 실용적이고 간편한 복장을 선호한다. 서류가방 대신 백팩에 손이 가는 이유도 그러한 까닭에서다. 충남 공주 본사와 서울사무소를 방문하면 김 회장의 이러한 소박한 성품이 더욱 잘 느껴진다. 신일팜글라스의 사무실은 언뜻 보면 가정집 같은 분위기에 여느 회사의 사무실과는 다르다는 느낌을 받는다. 딱딱하고 건조한 분위기의 사무 공간이 아닌, 가정집처럼 온화하고 정감 있는 분위기다. 손때 묻은 가구 등을 보면 신일팜글라스의 가장(家長)으로서 오랜 세월 애정을 쏟아부으며 하나하나 쌓아 올린 김석문 회장의 회사에 대한 애착이 느껴진다. 사무실 곳곳에 화려하진 않지만 갖출 것은 제대로 갖추면서 실용을 따지는 김석문 회장의 철학이 가풍(家風)처럼 스며들어 있다.

# 붕어빵 기계

독실한 기독교인인 김석문 회장은 수년 전 선교 및 구호활동을 하며 처음 아프리카 땅을 밟았다. 아직도 배를 곯으며 질병에 시달리는 아이들이 많다는 것을 알게 된 김 회장은 이들을 평생 후원해야겠다고 다짐했다. 좋은 일을 혼자서 할 수도 있겠지만, 더 많은 사람들이 선행을 베풀며 복을 얻어갔으면 좋겠다는 순수한 바람에서 재단까지 만들었다. 김석문 회장의 호(號)를 딴 '심향재단'이다. 김 회장은 십시일반 후원금을 보내준 사람들과 함께 직접 아프리카를 방문하여 구호활동을 펼치기도 한다. 갈 때마다 여러 곳에서 후원해준 학용품, 양말, 티셔츠, 수건, 책 등을 한 보따리씩 짊어지고 떠난다. 아이들에게 빵을 먹였으면 좋겠다는 생각에 하루는 붕어빵 기계를 후원물품들 가운데 포함시켰다. 쇳덩어리다 보니 무게가 제법 나가 결국 공항에서 기계를 여러 개로 분해해 동행한 사람들의 짐 가방에 나눠 담았다. 그렇게 한국 땅에서 아이들에게 필요한 물건, 또 아이들이 좋아할 만한 것들, 공부거리들을 하나둘씩 옮겨갔고, 케냐의 척박한 땅 한 곳에 김석문 회장을 비롯한 많은 이들의 꿈이 담긴 학교가 만들어졌다.

# 커피콩

선교 및 구호활동 차 찾은 케냐에서 김석문 회장은 케냐 대사의 소개로 부통령과 무역협회장을 만날 수 있었다. 덕분에 커피콩 농사를 짓는 현지인들도 만나보며 케냐 원두를 접하게 됐다. 현지에서 직접 맛을 보니 우리나라 스페셜티 전문점에서 파는 케냐AA와 실제 현지의 케냐AA가 맛이 현격히 차이가 났다. 우리나라에서 파는 케냐AA는 다른 품종의 원두를 섞어 그 맛을 제대로 살리는 곳이 없는 것. 이를 사업의 기회로 포착한 김 회장은 케냐의 최상급 커피를 수입하여 가공·판매하는 '도르만스코리아'를 설립했다. 이는 사업 다각화의 일환으로 신일팜글라스의 외연을 넓히는 것이기도 하다. 도르만스코리아는 김석문 회장의 아들인 김인택 대표가 맡아 운영하고 있으며 수익금의 일부는 다시 케냐로 환원하고 있다. 마음의 향기가 널리 퍼져갔으면 하는 '심향(心香)' 김석문 회장의 바람대로 신일팜글라스는 인덕으로 쌓은 고매한 향기를 풍기며 날로 성장해가고 있다.

# Work

# 김석문 그리고
# 신일팜글라스

# 한눈에 보는 신일팜글라스

31년의 역사를 자랑하는 신일팜글라스는 1986년 의료용기 전문 생산 업체로 출발한 이래 앰플·바이알 생산과 기술개발에 주력, 우수한 기술인력과 첨단 생산장비를 구축하여 국내 의료기기 발전에 기여해왔다. 인포그래픽을 통해 신일팜글라스의 이모저모를 한눈에 살펴본다.

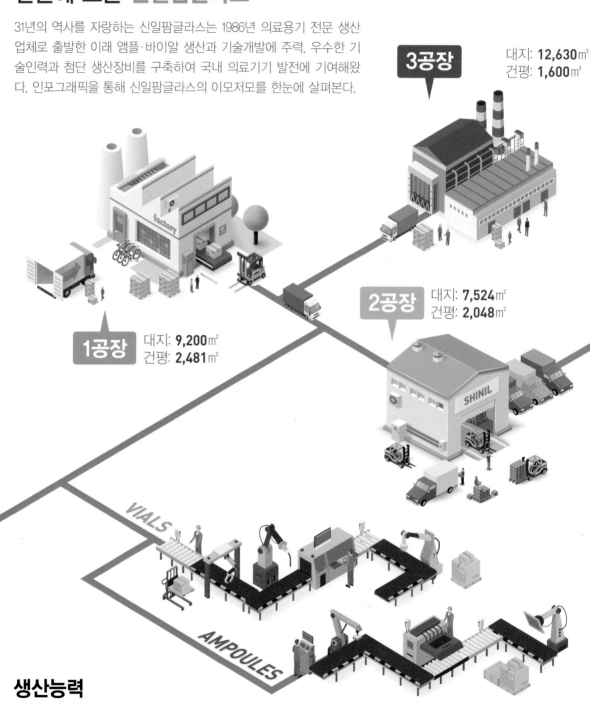

**3공장**
대지: **12,630**㎡
건평: **1,600**㎡

**2공장**
대지: **7,524**㎡
건평: **2,048**㎡

**1공장**
대지: **9,200**㎡
건평: **2,481**㎡

VIALS

AMPOULES

## 생산능력

| 바이알 성형기 10라인 | | 앰플 성형기 8라인 | |
|---|---|---|---|
| 월간/생산량 | **1,500만EA** | 월간/생산량 | **2,000만EA** |
| 연간/생산량 | **1억 8,000만EA** | 연간/생산량 | **2억 4,000만EA** |

**연간 총생산량**
**4억 2,000만EA**

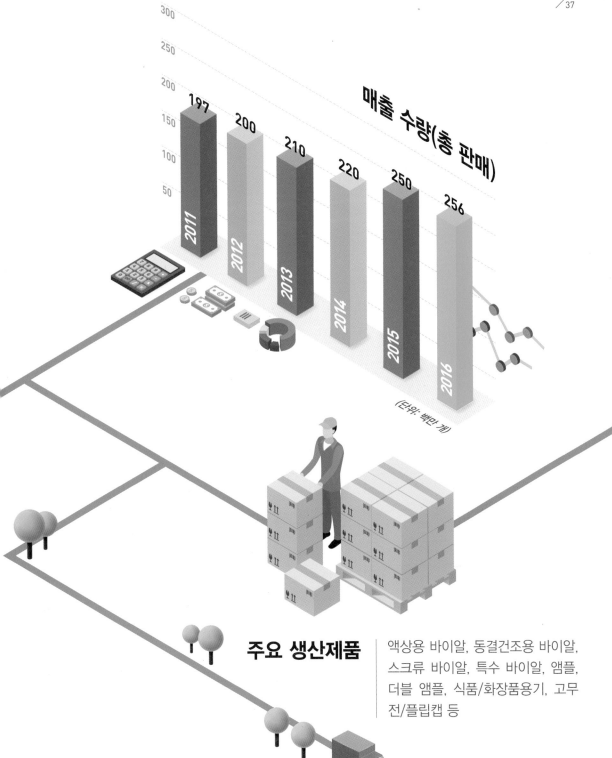

**매출 수량(총 판매)**

197 200 210 220 250 256

2011 2012 2013 2014 2015 2016

(단위: 백만 개)

**주요 생산제품** | 액상용 바이알, 동결건조용 바이알, 스크류 바이알, 특수 바이알, 앰플, 더블 앰플, 식품/화장품용기, 고무 전/플립캡 등

# 관계사

## (주)에이치케이피

2000년 6월 설립, 댓와일러(Datwyler)사와 독점 계약을 체결하고 우수한 품질의 고무전, 플린캡, 주사기 커버 등을 생산·공급하고 있다.

## 댓와일러

댓와일러(DATWYLER, 舊 Helvoet)는 세계 최고 품질의 고무전, 캡 등을 생산하는 회사로서 2000년도부터 국내 총 대리점을 계약 체결하여 최고의 파트너로서 협력하고 있다.

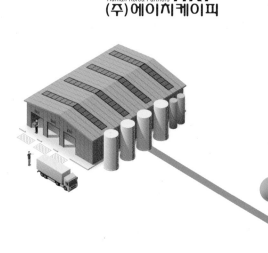

## GERRESHEIMER(双峰 玻璃)

2000년 신일팜글라스는 중국 단양의 GERRESHEIMER 합작 공장을 건립했다. 신일팜글라스의 우수한 생산기술과 품질 관리 노하우를 전수받아 바이알 및 앰플을 생산해내고 있다.

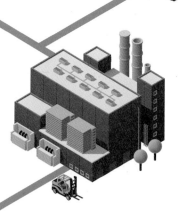

## 도르만스코리아

2008년 신일팜글라스는 60년 역사를 지닌 세계적 브랜드 도르만스커피와 독점 공급 계약을 체결하고 국내에 케냐의 최고급 커피를 유통·판매하고 있다.

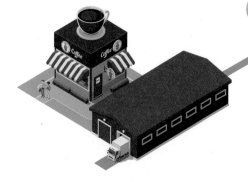

## 주요 파트너사

| | | |
|---|---|---|
| 녹십자 GREEN CROSS | Dongkook 동국제약 | 동아ST |
| 명문제약주식회사 | SAMSUNG BIOLOGICS | SAMJIN 삼진제약(주) |
| SEKISUI | CELLTRION HEALTHCARE CELLTRION | 신풍제약주식회사 http://www.shinpoong.co.kr |
| LG생명과학 | 유한양행 | ILDONG 일동제약 |
| 조아제약(주) | 종근당 | (주)펜믹스 PENMIX |
| 한국유나이티드제약(주) | Hanmi 한미약품(주) | HANALL BIOPHARMA |
| LG화학 | 대웅제약 | 일양약품 |
| YOOYOUNG PHARMACEUTICAL 유영제약 | SSP 삼성제약공업주식회사 SAMSUNG PHARM. IND.CO.,LTD. | 한림제약주식회사 |
| JW 중외제약 | (주)제일제약 | 국제약품 K |

# company history

## 1980~

**1986. 03. 01**　신일유리 창립

## 1990~

**1990. 12**　충남 당진군 신평리 공장대지 8,216㎡(2,500평) 매입

**1994. 08**　공장 이전(경기도 광주에서 현 충남 공주시 검상농공단지로)

**1996. 08**　COMP' HP 추가 1Set 도입, 현재 4Set 설치

## 2000~

**2000. 06**　(주)에이치케이피 법인 설립
　　　　　　(수입판매법인, Helvoet 고무전 한국대리점)

**2000. 07**　중국 단양 쌍봉유리와 합자 공장 설립

**2000. 09**　중소기업청으로부터 우수벤처기업 인증 획득

**2002. 09**　중국 베이징-휘튼사와 국내 독점 Agent 계약 체결

**2002. 10**　공주 공장 증설 확장(대지 2,000평, 건평 200평)

**2002. 12**　중국 진강 쌍봉유리와 합자 공장 설립

| 2004. 04 | BM TRADA ISO 9000 인증 승인, 등록 |
| 2004. 04 | BM TRADA ISO 14000 인증 승인, 등록 |
| 2006. 03 | (주)신일유리에서 (주)신일팜글라스로 상호명 변경 |
| 2006. 05 | 독일 킴벌사와 한국 총대리점 계약 체결<br>(킴벌사의 우수한 전제품 수입공급) |
| 2007. 10 | 미국 FDA사의 DMF 인증 승인<br>[DMF NUMBER 20846(TYPE Ⅲ)] |

# 2010~

| 2010. 06 | TQCS ISO 9001 품질경영 인증 승인 등록 |
| 2010. 06 | TQCS ISO 14001 환경경영 인증 승인 등록 |
| 2011. 07 | 중소기업진흥공단 주관 녹색경영확산지원 사업 실시 |
| 2012. 05 | 중소기업청 주관 지식경제부장관 표창 수상 |
| 2012. 07 | 중소기업청 기술혁신형 A등급 확인서 등록 |
| 2012. 08 | 기술보증기금 주관 벤처기업확인 평가 등록 |
| 2012. 11 | 한국산업진흥기술협회 주관 기업부설연구소 인증활동 |
| 2013. 07 | 충청남도 유망 중소기업 선정 |
| 2013. 11 | 공주 여성친화기업 협약 체결 |
| 2014. 07 | 중소기업중앙회 주관 중소기업청장 기업인상 수상 |
| 2016. 06 | 제2 공장 신축 |
| 2016. 12 | 가족친화기업 인증 획득 |

**경영철학**

無

爲

而

治

### 무위이치 경영
(無爲而治)

"아무것도 하지 않고 다스린다"

## 인본 경영

직원 교육이
기업의 미래다

## 품질 경영

CEO는 현장을
알아야 한다

## 기업의
## 사회적 책임

나눈 만큼 돌아온다

## 행복 경영

미인대칭비비불!
행복한 회사를 만들다

**'행복한 회사 만들기' 캠페인**

— **미** 미소는 우리를 행복하게 합니다
— **인** 인사는 우리의 마음을 열게 합니다
— **대** 대화는 서로의 이해를 높여줍니다
— **칭** 칭찬은 서로 용기를 심어줍니다
— **비** 비난하기보다는 이해를
— **비** 비판하기보다는 협조를
— **불** 불평하기보다는 칭찬을

# interview

묻고 답하다

# KIM SU

'Entrepreneurship is Calling, Not a Job.'(기업가정신은 '업'이 아닌, '소명'이다.)

스타트업의 성지, 실리콘밸리의 대부라 불리는 '스티븐 블랭크(Steven Blank)'의 말이다. 그러니까 기업가(CEO)는 여러 직업군 가운데 하나로 분류되는 개념이 아니라, 누군가의 부름이나 요구에 응하는 행위 혹은 사람을 뜻한다는 얘기다.

기업가를 소명(召命) 의식과 연결시킨 최초의 인물은 '막스 베버(Max Weber)'다. 19세기 후반 사람인 그는 근대 자본주의의 탄생이 프로테스탄티즘(기독교 사상)의 윤리 덕분에 가능했다는 이론을 내놨다. 기독교가 말하는 '소명(신의 부름)'이 자본주의적 의미의 직업 의식을 낳았다는 게 그의 주장이다. 쉽게 말해 '지금 네가 하는 일은 하나님의 뜻이니 그 직업에

# KMOON

'최선을 다하라'라는 기독교적 신념이 자본주의의 정서적 토대가 됐다는 것. 자본주의의 첨병(尖兵)인 기업가와 기독교, 그리고 소명의식(하나님의 뜻)이 이렇게 한 지점으로 만난다.

여기 하나님의 뜻으로 기업가가 됐고, 하나님 덕분에 쌓은 부(富)를 하나님의 명(命)을 받아 사회에 환원하고 싶다고 말하는 대한민국 CEO가 한 명 있다. 의료용기 앰플·바이알 생산 국내 1위 업체 '(주)신일팜글라스'를 이끌고 있는 김석문 회장이다. 기업 활동 하나만으로도 눈코 뜰 새 없이 바쁜 하루를 보내고 있으면서도 아프리카 케냐에 교육의 씨앗을 뿌리는 일에 남은 인생을 바치고 싶다는 김석문 회장을 만났다. 충남 공주 공장과 서울 송파 사무실을 수차례 오가며 들은 김 회장의 인생과 기업 이야기, 그의 신앙과 가족 이야기를 담았다.

# 지킬 것은 지키는
# '남자 김석문'의 고집

―――

1948년생 김석문 신일팜글라스 회장은 비흡연자다. 살다가 어떤 연유로 금연을 한 것도 아니고, 지금껏 담배를 입에 댄 적조차 없다고 한다. 이게 얼마나 특별한 사례인지는 통계를 보면 안다.

대한민국 정부가 국민들의 흡연실태조사를 처음 실시한 게 1980년. 당시 성인 남성 흡연율은 79.3%로 10명 가운데 8명가량이 담배를 폈다. 이때보다 이른 시기에 태어난 김 회장 세대의 흡연 인구는 오죽 많았을까.

교복을 입는 시기가 되면 더욱 입에 대보고 싶은 게 바로 담배다. 원래 그 나이가 되면 금지된 것을 욕망한다. 사춘기에 접어든 남자가 첫 흡연을 하는 이유는 대개 두 가지다. '폼나 보여서', '친구가 피우니까.' 즉 남자들의 흡연은 자의적 욕망이 분출된 것이라기보단 타인의 시선을 의식한 어쩔 수 없는 일탈에 더 가깝다.

반대로 말하면, 살면서 담배를 한 번도 입에 대지 않아본 대한민국 남성은 자기 주관이 강해 주변 평가에 크게 신경을 쓰지 않거나 억지로 떠밀린 일탈을 즐기지 않는다는 뜻이 된다. 신일팜글라스 공장이 위치한 공주와 서울 송파 사무실, 자택 등을 오가며 이뤄진 인터뷰에서 본 김 회장의 인상이 꼭 그렇다.

김 회장과의 첫 인터뷰에서 가장 먼저 화두에 오른 게 '담배'였다.

―――

**Q** 2017년 올해 들어 칠순을 맞으셨는데 꾸준히 일을 하셔서인지 연배에 비해 피부가 좋습니다. 특별히 관리를 하시나요.

**A** 담배를 안 펴서 그런 것 같아요.(웃음) 태어나서 담배를 한 개비도 안 태워봤어요. 저도 참 신기하다고 생각하는 게 고등학교 다닐 때 가까운 친구들이 다 담배를 폈어요. 모이면 담배 한번 펴보라고 하는데, "야 인마, 그걸 왜 피우냐?" 하면서 거절했어요.

**Q** 회장님 연배 중에 담배를 한 번도 안 태운 남자를 전 오늘 처음 봤습니다.(웃음)

**A** 공짜로 담배를 나눠준 군대 시절에도 안 피웠어요. 그때도 보니까 사람들이 담배가 없어서 난리더라고요. 꽁초를 주워 피우기까지 하고. '왜 저러면서까지 담배를 피울까' 싶더라고요.

**Q** 신일팜글라스 창업 전 동종 업계에서 직장 생활을 15년 정도 하신 것으로 알고 있습니다. 당시 영업 활동을 주로 하셨다고 하던데요. 담배 안 피우는 게 더욱 쉬운 일이 아니셨을 듯한데요.

**A** 우리 시절엔 영업이라는 게 다 몸으로 때우는 것이었잖아요. 술 마시고, 담배 피고. 전 그때도 담배를 안 폈어요. 하루는 업무 때문에 단골로 가던 식당의 여성 지배인이 "당신 같은 사람 처음 봤다"고 하더라고요.(웃음) 좀 특이한 성격이 아닌가 싶어요. 지금 와서 생각해보면 제 주관이 뚜렷했던 것 아닐까요.

# 주인의식 강했던 '직원 김석문'

1986년, 현 신일팜글라스의 전신 '신일유리'를 설립하기 전 김 회장은 동종업계에서 15년간 직장생활을 했다. 그 기간 동안 김 회장은 사표를 네 번이나 썼다. 상사는 '직원 김석문'의 사표를 쉽게 수리하지 못했다. 업계에서 전설로 회자될 정도의 탁월한 영업력을 김 회장이 발휘했기 때문이다. 인터뷰는 의료용기 업계의 전설, '영업맨 김석문'의 이야기로 이어졌다.

**Q 직장생활을 하셨던 회사가 의료기기 용품을 만드는 업체였죠.**

**A** 신일유리를 설립하기 전 약 15년간 직장생활을 했어요. 처음 회사에 들어갈 때 '최소한 1년은 일을 해야 내가 인정을 받는지, 그렇지 못한지를 알 수 있다'고 생각했어요. 그런데 막상 하루에 12시간씩 근무를 하니까 너무 힘들더라고요. 몸무게가 10kg이나 줄 정도였으니까. '이러다가 내가 죽겠다' 싶더라고요. 그래도 최소한 1년은 한다고 했으니 견뎠죠. 그러고 나서 많이 고민하다가 결국 회사를 그만두었습니다.

**Q 그런데 다시 그 회사로 들어가게 되셨는데, 어떤 계기가 있으셨나요?**

**A** 그렇게 사표를 내고 바로 다른 회사에 시험을 쳐서 들어갔는데, 너무 좋더라고요. 새로 들어간 곳은 8시간만 근무하면 되고, 봉급도 더 많이 나오고. 그렇게 3개월 정도 다니고 있는데, 전 회사 사장님이 저를 찾아왔어요. 밥이나 먹자고. "일은 재미있느냐"고 묻길래 "너무 좋다"고 그랬죠. 당시엔 전 직장에 미련이 없었으니까……

그러고선 헤어졌는데 얼마 후에 전 회사 사장님이 또 찾아오는 거예요. '나와 함께 일하지 않겠느냐'고. 갈 생각이 없어서 거절을 했는데, '그럼 마지막으로 명동에서 술이나 한잔 하자'고 하시더라고요. 술을 엄청 마셨는데, 그 자리에서도 "너와 같이 일을 하고 싶은데 마지막으로 한 번만 더 생각해보라"라고 하시더군요. 이야기를 듣다 보니 '이 분이 정말 나를 필요로 하는구나' 하는 생각이 들었어요. 그래서 다시 들어가게 됐죠. 사표 쓴 지 3개월 만에.

**Q** 불과 1년밖에 일을 하지 않은 곳의 사장님이 '함께 일을 하고 싶다'며 찾아올 정도면 보여주신 성과가 대단했나 봅니다.

**A** 제가 처음엔 생산 현장에서 일을 했어요. 집은 서울 봉천동에, 회사는 종암동에 있었죠. 차를 세 번 갈아타야 해서 출근시간만 한 시간 반씩 걸렸지요. 그러곤 12시간씩 일을 했으니까 잠잘 시간도 없었어요. 당시엔 기계도 낡은 데다 전부 손으로 작업했을 때니까 작업 환경도 열악했죠.

그렇게 힘들었는데도 전 항상 1등으로 출근했어요. 만약에 나보다 누가 먼저 와 있는 걸 보면 다음 날엔 반드시 그 친구보다 일찍 갔죠. 사장실 앞에서 기다리고 있다가 결재도 제일 먼저 받았고요. 그래야 다음 일을 빨리빨리 할 수 있으니까. 주인의식은 확실히 있었던 것 같아요.

한번은 제가 생산부에서 일할 때, 공장 책임자가 오더니 "사장님이 당신한테 가불을 해주라고 하는데, 얼마를 해주면 되겠느냐"고 묻더라고요. 보니까 다른 사람들은 돈이 필요하면 회사에 얼마치씩 가불을 받곤 했던 모양이더라고요. 그런데 저는 월급 받으면 생활비로 쓸 돈 얼마만을 남겨두고 대부분 저축해서 차곡차곡 돈을 모으고 있었으니까 가불이 필요하지 않았어요. 그래서 "괜찮습니다"라고 했더니, 회사에서 오히려 이상하게 생각하더라고요. 다른 사람들은 가불을 해달라고 난리인데 당신은 왜 마다하느냐 하면서요.

한편으로 제가 그만큼 회사 일을 열심히 했기 때문에 회사에서 어떻게든 챙겨주고 싶어 하는구나 하는 생각이 들어서 뿌듯한 마음이 들었죠. 회사생활을 오래 하다 보니까 이러한 깨달음이 들었어요. 묵묵히 자기 자리에서 성실히 일하다 보면 사장이든 임원이든 자연히 직원의 성실함을 헤아려 그에 맞는 보상을 해준다는 것을 말이죠.

**Q** 직장 1년차 때 그렇게 주인의식을 갖고 일을 한다는 게 말처럼 쉽지 않은 일인데요.

**A** 성격 때문인 것 같아요. 성실성은 타고나지 않았나 싶어요. 어릴 때도 남의 집 농사 도와주는 걸 엄청 열심히 해서 칭찬도 많이 받았거든요. 오히려 내 일은 적당히 하고, 남 일을 더

열심히 해줬죠. 이런 것들이 몸에 배인 DNA 아닌가 하는 생각이 들더라고요. 그게 항상 감사하죠.

입사 후 얼마 안 돼 영업직으로 옮겼는데요. 당시는 일요일만 쉴 때니까 한 달에 25일 정도 일을 하는데 그중 20일가량 매일 저녁에 거래처 사람들을 만났어요. 나머지 5일도 약속을 잡았다가 취소한 경우였죠. 그렇게 14년을 했어요. 거래처 사람들을 만나지 않는 날이면 어떤 마음이 드냐면, '오늘 경쟁업체에서 내 거래처 사람들과 술 먹는 거 아닌가. 그럼 내 경쟁력이 뒤처지는 것 아닌가' 싶어서 불안한 거예요. 쉬고 있어도 마음이 불편하니까 어떤 일이 있어도 약속을 잡는 거죠. 누구하고든.

# 사원에서 **사장이 되다**

———

독일에서 자동화 기계를 들여와 가장 좋은 품질의 의료용기를 만들던 업체는
김 회장 첫 직장의 경쟁업체인 '신일유리'였다. 신일유리는 김 회장이 현재 이끌
고 있는 회사 '신일팜글라스'의 전신. 김 회장은 첫 직장의 라이벌 업체였던 신
일유리를 1986년에 인수, 지금의 '신일팜글라스'로 만들었다.
1년 만에 회사를 나갔던 '사원 김석문'을 설득하여 다시 불러들였던 첫 직장의
대표는 당시 김 회장을 "우리 회사에서 사장까지 할 수 있을 인재"라고 보았다.
전설의 영업맨으로 승승장구했을 것 같은 김 회장이 왜 첫 직장의 사장이 아닌,
경쟁업체의 사장이 된 것일까.

———

**Q** 회장님께서 말씀하신 첫 직장의 경쟁업체가 현 '신일팜글라스'의 전신업체인 '신일유리'인
것으로 알고 있는데요. 어떻게 신일유리 사장에 오르셨는지 궁금합니다.

**A** 제가 영업하면서 신일의 거래처를 많이 뺏어왔어요. 그런 것도 있고, 회사 내부 사정도 겹
치면서 신일이 1983년에 부도가 났죠. 아이러니하게도 신일이 부도나는 데 일조를 했던
제가 나중에 그 회사를 인수하게 된 것인데요. 그때만 해도 제가 교회를 다니지 않았는데
지금 생각해보면 다 하나님의 뜻이 아닌가 싶어요.

**Q** 영업을 잘하셨으면 사랑을 독차지하셨을 것 같은데, 우여곡절이 있으셨나 봅니다.

**A** 첫 직장에 다니면서 사표를 네 번 썼어요. 말씀드린 대로 전 주인의식을 갖고 회사 생활을
했어요. '이 회사가 내 회사다'라고 여기면서 일했고, 회사와 제가 같이 성장해 간다고 생
각했죠. 그러다 보니 회사가 조금 더 발전할 수 있는 방향으로 자주 건의를 드렸는데, 그게
상사의 입장에서는 자꾸 문제 제기를 하는 것처럼 보일 수도 있으니 아주 달갑지만은 않
았겠죠. 하지만 저는 직원들을 대변해서 정말 충정 어린 건의를 하고자 했던 건데…… 이
런 입장 차 때문에 갈등이 조금씩 쌓였죠.

지금 생각해보면 당시 상사의 마음을 제대로 헤아리지 못했던 제 치기가 아쉬워요. 제가 아무리 직업의식을 갖고 회사 생활을 했다고 한들 상사의 그것과 비교할 순 없는 노릇이죠. 제가 사장이 되고 나서야 그 마음을 알겠더라고요. 결국 전 직장이 절 먹여 살린 것이고, 거기에서 배운 것들 덕분에 오늘의 김석문이 있을 수 있었다고 생각해요.

**Q** 이후 어떤 계기로 '신일유리'를 인수하게 되신 건가요?

**A** 전 직장에서 마지막 인수인계 작업을 하면서 거래처에 편지를 한 통씩 보냈습니다. 여태껏 저를 많이 도와주신 분들께 말이죠. '그동안 감사했다. 내가 회사를 떠나게 됐는데, 그래도 이 회사를 더 많이 사랑해주고 도와달라'는 내용으로요.

그러다보니 제가 사표를 낸 사실이 업계에 소문이 쫙 난 거죠. 좀 있으니까 1983년 부도 이후에 신일유리를 맡아서 운영하던 홍덕기 씨가 우리 집에 찾아왔어요. "직장을 그만둔다는 소리를 들었는데, 우리 회사를 인수해보지 않겠느냐"고 하더라고요. "내가 봉급쟁이였는데, 돈이 어디 있느냐. 돈도 없고 능력도 안 된다"며 돌려보냈죠. 그랬더니 홍덕기 씨가 저와 고향이 같은 한 거래처 사람을 꾀여 설득을 해보라고 한 거예요. 그 친구가 어차피 회사 그만두는데 한번 해보시라, 제가 적극적으로 도와 드리겠다고 하더라고요. 그래서 좀 더 내용을 알아보기로 했죠. 홍 씨가 사채 3억 원으로 신일유리 운영을 하고 있었는데, 저에게 몸만 와서 회사 경영을 하라고 하더라고요.

그런데 아무래도 신일은 제가 일했던 회사의 경쟁업체다 보니까, 제가 일방적으로 통보만 하고 말 문제는 아닌 것 같아서 전(前) 회사 사장님께 상의를 드렸어요. 상황을 사실대로 말씀드리고 두 회사가 같이 잘될 수 있는 방향을 찾아 잘해보면 좋겠다는 마음에서요. 제 나름대론 전 직장에서 저를 이끌어준 상사에 대한 예의이자 절차라고도 생각했습니다. 마무리가 아름다워야 제 새로운 출발도 산뜻할 수 있을 테니까요. 물론 세상일이 제 마음처럼 전부 잘 흘러간 건 아니었습니다. 전 회사 대표로부터 격려도 못 받은 채 아쉬움 속에 작별을 하고 말았습니다.

그리고 여차저차 결국 신일유리를 제가 인수하게 됐는데, 저는 진짜 회사가 제대로 운영되려면 한 사람이 맡아야 한다는 생각에 홍덕기 씨한테 회사 지분을 100% 다 넘기라고 했죠. 그러니 홍 씨가 하는 말이 "그래도 (부도 후) 2년을 끌고 왔는데, 그 공을 생각해서 주식을 좀 달라"고 하더라고요. 그래서 저 51%, 홍 씨 49%로 지분을 나누기로 했죠. 대신 조건이 있었는데, 첫 번째는 "이것도 동업이니 둘 중 누군가가 5만 원 이상의 부정을 저질렀을 때는 주식을 포기하는 것으로 하자"고 해서 공증을 받았어요. 두 번째는 그래도 돈 한 푼 안 대고 사업을 할 순 없으니, 제 퇴직금 1,250만 원을 다 투자하겠다고 했죠. 대신 홍씨는 49%에 해당하는 돈을 넣기로 하고, 그렇게 사업을 시작하게 됐어요.

# 업계의 전설로 남은 '영업맨 김석문'

———————

김 회장과의 첫 인터뷰 자리엔 노현석 신일팜글라스 전무가 동석했다. 회장님
의 살아온 이야기가 궁금해 그 자리를 자청했다고 한다. 김 회장의 입에서 영업
맨 시절 일화가 나올 즈음 노 전무가 한마디를 거들었다. "직원들이 회장님을
'영업의 레전드'라고 합니다."(웃음)

여기서 드는 의문 하나. 인터뷰 초반 김 회장은 소위 '나쁜' 영업을 하지 않았다
고 했다. 그럼 김 회장은 어떻게 영업을 했을까. 그의 영업 비화를 더 들어보기
로 했다.

———————

**Q** 첫 번째 직장에서 근무하실 때 영업맨으로서 활약상이 대단하셨나 봅니다.

**A** 당시도 그렇고 지금도 그러한데⋯⋯ 우리나라 의료용기 제조업체가 세 군데 정도예요. 세
업체 모두 품질은 엇비슷했지요. 오히려 다른 경쟁회사는 독일에서 자동화 기계를 들여왔
고, 제가 근무했던 첫 번째 회사는 그에 비해 제조 시설이 열악했던 때여서 경쟁업체의 품
질이 더 나은 면이 있었죠. 품질 면에서 부족한 부분은 영업력으로 상당부분 커버해야 했
어요.

제가 어느 날 의약관련 전문지를 보는데 모 제약회사에 대한 기사가 실렸더라고요. 자세
히 살펴보니 1980년 초반이었는데도 주사제만으로 1억 이상 매출을 올리고 있었어요. 이
회사가 이렇게 앰플을 많이 쓰는 회사구나 싶어서 찾아갔더니, 이미 거래를 하고 있는 곳
이 있어 어렵다는 대답이 돌아왔습니다. 특히 그 구매 담당자와 앰플 납품처와의 관계가
매우 돈독해서 저희가 비집고 들어갈 틈이 없어 보였어요.

그래도 이대로 포기할 순 없다는 생각에, 이번엔 구매부가 아니라 생산부를 찾아갔어요.
그곳의 생산 담당자를 찾아가서 애로사항이 없느냐고 물어보니까 주사약병 등의 불량이

너무 많다고 토로하는 겁니다. 옳다구나 싶은 생각이 들어, 우리 쪽에서 샘플을 잘 만들어 몇 개 가져다주었어요. 써보니 우리 것이 더 좋다는 것을 생산하는 직원들은 알게 된 거죠. 그렇게 구매부와 생산부 직원, 양쪽을 6개월 동안 거의 매일같이 만나면서 지난한 설득에 나섰습니다.

그러다 어느 날 아침, 구매 담당자로부터 전화가 왔습니다. 아침 일찍 회사로 들어올 수 없느냐고요. 아침에 찾아갔더니 그 담당자가 앰플 30만 개, 15만 개, 10만 개…… 이렇게 납품해달라고 주문을 하는 겁니다. 아! 그 오더를 받는데…… 어찌나 감격스러운지. 당시만해도 제가 주문을 받으면 1만 개에서 많아야 5만 개 정도였는데, 이렇게 큰 주문을 받으니 얼떨떨한 거예요. 그 사무실이 5층이었는데 제가 정말 기분이 좋아서 한달음에 계단을 뛰어내려 왔어요. 그리고 공중전화로 가서 전화를 했죠. "사장님, 됐습니다!" 영업맨들에게 그만큼 행복하고 보람된 순간이 없거든요. 6개월간 고생한 게 그때만큼은 싹 날아가더라고요.

**Q** **어떻게든 계약을 따내겠다는 의지와 끈기도 대단하셨지만, 계속해서 현장을 찾아가 고객사들의 목소리에 귀 기울이셨던 게 주효했던 것 같습니다.**

**A** 영업하는 사람이 구매 담당자만 만나야 한다는 법은 없거든요. 저는 영업하는 후배들한테도 조언하는 게 고객사의 현장을 들여다봐야 한다, 답은 거기에 있다고 말하거든요. 그러다 보니 앰플 등의 불량이 많아 불만이 많다는 것을 알게 됐죠. 그래서 제가 생각해낸 게, 당시 제조기계의 품질이 그렇게 좋지 않다 보니 제품을 균일하게 만드는 데 한계가 있는데, 이것을 최대한 같은 것끼리 선별하여 그룹으로 묶어놓자는 아이디어를 냈습니다.

제품을 만들면 보와 유리관 두께를 일일이 눈으로 확인하고 A/B/C/D, 1/2/3/4로 선별하는 거예요. 그러면 각 그룹 안에는 규격이 일정한 제품들만 모여 있게 됩니다. 제약회사에 납품할 때는 A면 A, B면 B, 한 그룹의 제품만 나가도록 했어요. 이렇게 하다 보니 불량률이 떨어지고 고객사로부터 클레임도 없어진 거죠. 공장에 있는 직원들은 바깥 상황들을 잘 모르잖아요. 현장에 나가서 직접 물건을 쓰는 사람들을 만나고 눈으로 확인해봐야 진짜 방법을 찾을 수 있거든요. 이렇게 우리 품질에 문제가 없도록 만들고, 바깥으로는 영업을 강화하고 하니까 1년에 4~5군데씩 거래처가 확보되더라고요. 거의 3개월에 한 군데씩 확보가 된 셈이니 실적이 어머어마하게 늘어났죠. 어느 순간부터는 후발주자에 속했던 회사가 업계 1위가 됐죠.

**Q** 그렇게 많은 성과를 내신 것을 보니, 참 영업맨으로서 타고나셨던 것 같습니다.

**A** 무엇보다 적성이 잘 맞았던 것 같아요. 힘들어도 성과가 나오니까. 그런데, 영업이란 게 왕도가 없거든요. 남보다 열심히 뛰는 것 말고는 뾰족한 방법이 없어요. 특히나 사람을 만나서 소통하고, 그렇게 해서 만든 관계성 속에서 일이 이루어지는 건데…… 그걸 하지 않고는 절대 잘할 수가 없어요. 제가 매일매일 누구하고든 만나려고 했던 게 그런 이유에서였는데, 그렇게 해도 뜻대로 잘 안 될 때가 많습니다.

하지만 정말 넘어서기 힘든 난관을 만나면 저도 모르는 도전의식, 오기 같은 게 생깁니다. 주저앉아서 포기하는 게 아니라 어떻게든 넘어서야겠다는 의지가 끓어올라요. 신일유리를 인수한 다음에 다시 거래처를 만들려고 할 때 굉장히 힘들었거든요. 한번은 한 제약회사를 찾아가니 신일유리와는 절대 거래를 맺지 않겠다면서 완강히 거부당했습니다. 사실 그곳이 제가 첫 번째 직장을 다닐 때 신일유리로부터 가져온 거래처인데, 다시 신일과 거래를 맺자고 하니 그곳에선 당연히 받아들이지 않았죠. 그래서 다른 곳보다도 설득하는 과정이 더더욱 힘들었습니다.

당시 그 제약회사에서 구매를 총괄하던 상무가 있었는데, 그분은 굉장히 합리적이면서 엄격한 분이었어요. 신일유리가 부도나기 직전에 품질 등 여러 가지 문제가 있어 당시 신일유리와의 거래를 중단시킨 것이기 때문에 그분의 결정은 충분히 이해할 수 있었습니다. 그래도 찾아가 "신일유리는 완전히 다시 태어났습니다, 높은 품질의 제품을 납품시키겠습니다"라고 설득하여도 제 말을 들으려고 하지 않더라고요.

그래도 포기할 수 없었습니다. 심지어는 구매 총괄 임원 댁 앞에까지 찾아가 기다리는 일도 많았어요. 밤늦은 시간까지 기다리다 통금시간을 넘겨 용달차를 불러 겨우 집에 돌아간 적도 있었죠. 그래도 별다른 진전이 없어 방법을 찾다, 그분의 가족이 명동에서 가게를 운영하고 있다는 것을 알게 됐습니다. 그날부터 거의 매일같이 그 가게를 찾아갔습니다. 내가 누구인지 말하거나, 내 사정이 이렇다는 것을 밝히지 않고 그저 찾아가서 회사에 필요한 물건들을 그곳에서 계속 사오곤 했습니다.

어느 날 기회가 생겨 그분과 대면하게 되었는데, 그래도 여전히 분위기는 냉랭했습니다. 거의 문전박대 수준이었죠. 가슴 속에서 어떤 뜨거운 게 올라오는데…… 정말 절박한 심정으로 그분을 불러 저를 돌아보게 했습니다. "아니, 어떻게 이러실 수가 있으십니까! 제 말을 좀 들어봐주십시오!" 가슴 속에서 끓어오르던 그 절박함, 간절함을 그분이 느꼈는지,

아니면 근 6개월간 매일같이 찾아가 공들인 제 노력을 알아봐준 건지…… 그제서야 제 눈을 맞추며 이야기를 들어주더라고요. 그러고 나서 얼마 뒤에 기다리고 기다리던 주문이 들어왔습니다. 이전 같으면 '신일은 절대 안 된다!'고 했을 텐데 실무 직원이 신일유리에 주문하는 서류를 올리니 별말 없이 결재칸에 사인했다는 겁니다. 제 노력이 헛되지 않았다는 생각에 감격스러웠어요.

그리고 오랜 시간이 흐른 뒤, 그분을 휴가지에서 우연히 만나게 되었는데, 서로 반가운 마음에 자리를 함께했습니다. 알고 보니 그분이 나중에 제약회사를 나와 사업을 하나 시작하셨더라고요. "내가 회사 사장이 되어 보니까, 또 을의 입장이 되어 보니까, 이제야 사장님 심정을 알겠습니다. 제가 사장님 생각을 많이 하면서 삽니다. 그때 많이 못 도와드려서 미안합니다" 이런 이야기를 하시더라고요. 그 말을 듣는데 만감이 교차했습니다. 정말 세월이 어떻게 흘러갔는지 모르겠어요. 힘든 일도 많았지만, 한편으로는 보람되고 재밌었어요. 포기하지 않고 계속 도전하다 보면 결과가 나타나니까.

**Q** 영업 철학이 확고하신 것 같은데, 상대방을 '내 편'으로 만드는 방법이 있습니까.

**A** 예전에 한 제약회사에서 구매 업무를 하던 분이 이제 영업을 담당하게 됐는지 저를 찾아와서 묻더라고요. 어떻게 하면 영업을 잘할 수 있느냐고요. 보니까 그분은 통상적으로 다른 영업맨들이 그랬던 것처럼 오전에는 그냥저냥 있다 오후에 몇 군데 거래처에 들르고 만다고 하더라고요. 그래서 제가 영업하는 시간을 확 늘려야 한다, 남들보다 더 뛰어야 한다면서 아침부터 약국에 찾아가라고 했죠. 그러니, 우리나라 정서상 물건 팔기 전부터 약 팔러 오면 아무도 좋아하지 않는다는 겁니다. 그래서 제가 그랬죠. "약 팔러 가지 말고, 약국 주인이 아침에 문을 열면 옆에서 청소를 해주든 심부름을 해주든 도와주러 가라, 그렇게 계속 찾아가봐라. 다른 사람이 6시간 일할 때 당신은 8시간, 아니 10시간, 12시간, 이렇게 시간 투자해서 공들여봐라." 이렇게 조언을 주었는데, 그분이 나중에 회사에서 영업 1등을 했다고 하더라고요. 정말 열심히 하는 것 말곤 방법이 없는 거예요. 장사를 하든, 사업을 하든 간에 모두 마찬가지라고 생각합니다.

영업은 남을 도와줘야 해요. '나'라는 사람을 팔아야지, 내 상품을 팔러 다니면 안 돼요. 저는 지금껏 "저희 물건을 사달라"고 한 적이 없어요. 제가 공부를 많이 하려고 하는데, 그 이유가 사람을 만나면 정보를 줘야 해요. 도움도 주고. 그 사람들이 절 만나서 유익해야 다시 절 찾을 거 아니에요. 그렇지 않고 기껏 만나선 "물건 좀 사주세요"만 계속하면 그 사람들이 다음에 저를 만나고 싶겠어요? "저 사람을 만나서 오늘 하루 참 유익했다." 이런 소리를 들어야 하는 것이죠.

사람을 만나다 보면 도와줄 수 있는 일이 생겨요. 업무와 관련된 것뿐 아니라 개인적인 고민들 중에서도 제 손으로 풀어줄 수 있는 게 있다면 적극적으로 나서서 도와주거나 해결해줬죠. 내가 잘 되려면 남을 잘 도와야 해요. 제가 젊은 직원들이나 자식들에게 자주 묻는 게 있어요. "귀한 물건이 하나 있다. 나눌 수 있는 것도 아니다. 그럼 이걸 누가 가질 것이냐." "내가 가져야 한다"고 답하면 저는 "상대방이 가져가게 해라"라고 합니다. 그래야 상대방이 마음 속으로 '저 사람이 참 괜찮은 친구구나'라고 생각할 것이고, 언젠가 기회가 되면 그 사람도 나를 도와줄 날이 올 수도 있으니 말이죠.

고스톱을 치면 욕심 많은 사람들은 딴 돈을 다 가져가요. 반대로 나눠주는 사람도 있죠. 지금껏 살면서 보니까 딴 돈 다 가져가는 친구 중엔 성공한 사람이 한 명도 없어요.(웃음) 나눠주는 친구가 성공하지. 사실 아무리 자기 능력이 뛰어나도 그것만으론 성공 못하거든요. 남이 나를 도와줘야 잘 되는 것이지. 제가 요새 사람들에게 얘기하는 게, 실력이나 능력은 15~20% 정도고 나머진 인간관계에서 성공 여부가 좌우된다는 것이에요.

# 굳게 닫힌 문을 연 **진정성의 힘**

————

사업을 해본 사람은 안다. 영업력이 사업에 미치는 영향력이 얼마나 큰지를. 이미 사줄 사람이 있는 제품을 만드는 일이 얼마나 다행인 것인지를.

동종업계에서 영업의 달인으로 소문이 자자했던 김 회장. 서른아홉의 나이에 시작한 '늦깎이 사업'이지만 비교적 순항했을 것이라 지레짐작했던 이유가 바로 이 때문이다. 그가 직장 생활 15년간 쌓은 마당발 인맥이 얼마나 든든했겠느냐 말이다.

그런데, 김 회장은 이 대목에서 뜻하지 않은 울음을 터뜨렸다. 사업 초반의 예상치 못했던 장애물이 서러워서, 그리고 그 장애물을 넘어서는 데 도움을 준 인연과 우연에 대한 고마움 때문에 흘린 눈물이었다.

————

**Q** 사장으로서 한 회사를 맡아 운영하시게 됐는데, 사업 초반에는 어떠셨나요?

**A** 제가 같은 업종에서 15년간 많은 인적 네트워크도 만들고 경험도 많이 쌓았기 때문에 수월하게 시작하지 않았겠느냐 생각하시겠지만, 사실 그렇지 않았습니다. 오히려 그전보다 훨씬 상황이 열악했죠. 당시 신일이 부도가 나다 보니 기술자들, 직원들도 모두 흩어진 상황이었고…… 예상치 못한 어려움들 때문에 제약사들과 계약을 맺기가 어려웠어요.

안 되겠다 싶어서 방법을 강구했죠. 당시에 도자기가 선물로 가장 인기가 높았을 때였어요. 이천에 있는 유명한 도자기 장인을 찾아갔지요. 200만 원을 준비해 가서는 "사업을 처음 시작했는데, 도자기를 들고 회장님들을 찾아뵈려고 한다. 도자기 스무 점 정도가 필요하다"고 말씀드렸죠. 한번 골라보라고 하더군요. 그런데 가격을 보니까 가장 낮은 게 한 점에 50만 원이고, 귀한 도자기는 200만 원 이상 하는 것도 있더라고요. '에라 모르겠다'는 식으로 200만 원짜리 몇 점과 100만 원, 50만 원짜리 등 해서 스무 점을 골랐어요. 그랬더니만 그분이 '딱 200만 원만 받겠다. 그동안 고생 많았다'면서 도와주신 거죠. 얼굴 한

번 본 적 없는 사이인데 말이죠. 그런 분이 다 있더라니까…….(눈가가 촉촉해짐)

그렇게 제약회사 어르신 댁들을 찾아갔습니다. 잘못된 오해는 풀고, 최대한 제 진정성을 보여드렸어요. 끊어졌던 거래처들이 조금씩 회복되어갔습니다. 모 제약회사 사장님은 제가 댁을 몇 번 찾아갔는데, '기다리라'고만 하시다가 8개월이 지나서야 저에게 주문을 넣으시더라고요. "당신이 이제 갓 사업을 시작했는데, 잘할지 못할지 어떻게 아느냐. 섣불리 주문을 넣었다가 일이 잘못되면 다른 회사에 또 맡겨야 하는데, 그럴 순 없지 않느냐. 그래서 당신이 사업을 잘하는지 못하는지 지켜봤다"고 하시더라고요. 정말 고맙고 현명하신 분이죠.

저희 회사 창업일자가 3월 1일이에요. 그날 제가 첫 출근을 했거든요. 이미 부도난 회사를 원점에서부터 다시 시작하려니 정말 힘들더라고요. 제가 직원들에게 그랬어요. "결재할 게 있으면 내 책상에 미리 올려놓으라"고. 새벽에 출근하자마자 결재하고, 직원들이 출근하기 전에 일찌감치 영업을 하러 나갔죠. 저녁까지 사람들을 만나고, 아무리 늦더라도 당시 (경기도 광주시) 곤지암에 있던 공장이 잘 돌아가나 확인을 하고 나서야 퇴근을 했죠. 하루에 네 시간 이상 잘 틈도 없이 일만 했어요. 그렇게 다시 거래를 튼 제약업체들과 지금껏 꾸준히 관계를 이어오고 있습니다.

**Q 신일팜글라스 설립 이후로만 따져도 30년간 거래를 이어온 셈인데, 비결이 있나요?**

**A** 가장 중요한 건 역시 '품질'이죠. 품질을 바탕으로 하지 않으면 기본적으로 사업을 해나갈 수 없어요. 그런데 품질 못지않게 중요한 게 바로, 제가 누누이 강조한 것처럼 '인간관계'예요. 한 번 관계를 맺으면 그 인연을 소중하게 지켜나가야 해요. 전 한 번 인연을 맺으면 그 회사와 거래가 끝나거나, 거래 담당 직원이 회사를 그만뒀다고 해도 꾸준히 관계를 이어나가려고 합니다. 명절 때 소소한 선물이라도 꼭 보내고, 어려운 일이 있으면 최대한 도와주려고 하고요.

그렇다고 제가 그분들에게서 어떤 이득을 바라고 잘하는 건 절대 아니에요. 손익을 따지면서 사람을 대하면 안 된다고 생각해요. 영업맨일수록 특히 그렇습니다. 대가를 바라지 말고, 인연 자체를 소중하게 여겨야 해요. 제가 사람들한테 금전적으로든, 심리적으로든 무언가를 주고 쏟아붓게 되면 당장은 제 손해처럼 느껴질 수 있겠지만 장기적으로 보면 그렇지 않거든요. 제게서 온정을 느끼고 진정성을 느꼈던 분들이 나중에 어떤 기회가 되면 또 나중에 저를 도와줄 수도 있는 거잖아요.

**Q** 어렵게 회사를 다시 일으켜 경영을 이어나가게 되셨는데요, 사업 초기에 중점적으로 추진하셨던 일은 무엇인가요?

**A** 말씀드렸다시피, 제가 처음 이 업계에 몸담았을 당시에는 근무환경이 너무나 비위생적이고 열악했어요. 창업을 하면 우선적으로 자동화 기계 설비를 더 들여와서 작업장을 더욱 효율적으로 만들고 직원들 근무환경도 개선시켜야겠다고 생각했습니다. 저희 업종은 장치 산업이거든요. 원재료는 업계의 모든 업체들이 똑같은 것을 쓰기 때문에 사실상 원재료에서 품질이 가름 되는 건 아니에요. 설비 투자가 정말 중요하죠.

그래서 좋은 기계가 있다고 하면 유럽, 미국 어디든 달려가서 확인했습니다. 그중 최상급이었던 프랑스 제품을 들여왔어요. 당시 그보다 한 단계 낮은 제품이 이탈리아 제품이었는데 프랑스 제품보다 가격이 30% 정도 더 저렴했거든요. 가격이 부담스럽지만 그래도 우리는 프랑스 제품을 들여와야겠다고 결심한 거죠. 좋은 설비가 불량률을 줄이고 좋은 품질의 제품을 생산해, 결국 그것이 우리의 경쟁력이 될 것이라는 확신이 있었기 때문이었습니다.

또 정밀 검수를 위해서 카메라 시스템을 설치했는데, 저희 신일팜글라스에서 생산되는 모든 제품은 벨기에에서 들여온 정밀 카메라 검수장치를 거쳐 규격이 일정한 제품을 생산해내고 있습니다. 또 6년 전에 사내 연구소를 만들었거든요. 비파괴 정밀검사, 앰플 절단 강도 측정, 내압강도 테스트 등등 실험을 매일같이 그날 생산된 제품을 대상으로 실시하고 있습니다. 제품 불량을 줄이고 생산 표준화, 생산성 향상을 위해 직원들이 머리를 맞대면서 고민하고 있어요.

**Q** 앰플이나 바이알 같은 제품은 일반인들 누구나 접하는 것이기 때문에 그러한 공정이 정말 중요할 것 같습니다.

**A** 그렇죠. 특히 앰플 같은 경우는 사용자가 직접 절단면에 따라 유리를 절단하여 사용하는 것이기 때문에 품질이 중요해요. 저희는 시험기기로 앰플 절단 강도를 측정해서 데이터를 뽑아보며 품질 관리를 하고 있습니다. 또 현미경을 통해서 절단 시 이물질이 생기지 않는지 등등 여러 가지 상황을 적용해가며 다양하게 측정하고 있습니다.

또 앰플과 바이알은 약물이 직접 닿는 것이고, 제약회사에 납품하는 것이기 때문에 작업장 자체가 위생적으로 관리되어야 합니다. 그래서 저희는 안정성, 유효성을 기준으로 미국의 FDA로부터 포장용기 우수생산승인(DMF)을 받았으며 품질경영인증(TQCS.ISO9001) 및 환경경영인증(TQCS.ISO14000)도 득하여 제약회사의 GMP 규격 생산에 맞는 제품을 생산하고 있습니다. 이런 품질에 대한 피나는 노력이 앞으로 신일팜글라스의 미래를 이끌어간다고 생각합니다.

# 하늘이 준 기회, **그 무거운 소명**

————

김 회장은 독실한 크리스찬이다. 인생의 모든 행운을, 사업의 모든 공(功)을 '하나님의 뜻'으로 돌린다. 그런데 김 회장의 종교 입문은 꽤 늦은 나이에 이뤄졌다. 신일팜글라스를 공동 창업한 홍덕기 씨의 소개로 하나님을 믿기 시작했다고 한다. 간단한 운동 하나를 배우는 일도 젊을 때와 나이 들었을 때가 다른 법. 하물며 사람의 생각이 바뀌는 문제인 종교관의 변화를 뒤늦게 겪은 김 회장. 그 시작은 불면증이었다.

————

**Q** 사업을 시작하신 뒤에 종교에 입문하셨다는 말씀을 하셨는데요. 특별한 연유가 있습니까.

**A** 사업 초창기에 잠도 못 자고, 시달림을 받으니까 너무 힘들더라고요. 그러던 중에 홍덕기 씨와 얘기를 할 기회가 있었어요. "요새 (사업 때문에) 잠을 잘 못 잔다"고 했더니, 왜 그러냐면서 교회 얘기를 하더라고요. 그 얘기를 한참 듣다 보니까 '교회에 다니면 저렇게 마음을 편히 먹을 수 있나 보다' 하는 생각이 들더라고요. '나도 한 번 가볼까?' 싶었죠. 당시 집사람은 교회에 다니고 저는 다니지 않고 있을 때였거든요.

이제와 생각해보면 제가 한 일 모두가 하나님의 뜻이 아닌가 싶어요. 사실 부도난 신일유리를 당시 대기업 제약회사가 인수하려고 했어요. 그런데 대기업이 중소기업을 인수하려면 여러 제약 조건이 있어서 잘 안 됐죠. 이후에도 몇 군데가 신일을 인수하려고 했다가 실패했어요. 홍덕기 씨는 어떻게든 회사를 넘기려고 했고, 그래서 이곳저곳을 찾아다니던 차에, 마침 제가 일을 그만두어 인연이 닿은 것이죠. 살다 보면 운명인가 싶을 정도로 신기한 인연이 있잖아요? 신일유리를 인수하게 된 것은 정말 운명적인 계기라고 생각이 들어요.

더욱이 공장 부지를 정할 때는 정말 운이 좋았어요. 곤지암에 있던 공장을 2000년도에 충남 당진으로 옮기려고 했거든요. 그런데 거래처 세 군데가 부도를 맞았어요. 공장 짓는 걸

강행했다간 저희도 부도를 맞겠다 싶더라고요. 그때도 제가 거래하던 은행의 지점장님께서 큰 도움을 주셔서 별 손해 없이 위기를 넘길 수 있었죠. 이후에 지금 공장이 있는 충남 공주로 이사하려고 했는데, 마침 그 지점장님이 공주 관할 지점으로 발령이 났어요. 그래서 공주에 공장을 짓는 일도 수월하게 진행이 됐지요.

사업 시작하면서 제 집을 담보로 잡고 의료용기 제조 기계를 딱 한 대 주문했어요. 그것으로는 한 달에 용기를 200만 개밖에 못 만들어요. 300만 개 주문을 받아도 100만 개는 제작을 못 했죠. 그럴 때마다 거래처에다가 제가 처음에 근무했던 곳에 주문을 주면 좋겠다고 했지요. 그래도 내 옛 회사니까. 저희 회사가 그런 식으로 거의 20년 동안 못 만들어서 못 팔았어요. 물량 공급이 주문을 못 이긴 것이죠. 지금도 생산을 거의 풀가동하는데, 이것 역시 하나님께서 도와주시니까 그렇게 되지 않았나 싶어요.

그래서 내가 지금은 회사를 운영하는 사장으로서 성공을 했지만, 이 성공이 나만의 것은 아니라고 생각해요. 나 혼자 잘해서 돈을 번 게 아니거든요. 그래서 사회에서 어느 정도 성공한 분들은 일정 수준이 되면, 그렇게 얻은 부(富)를 자신만을 위해 전부 써서는 안 된다고 생각해요. 이걸 주변에 나눠야 건강한 사회, 좋은 국가가 되는 건데…… 지금 일부 기업인들이나 정치하는 사람들을 보면 사회로부터 부여받은 부와 명예를 독단적으로 나쁘게 이용하는 경우가 있어서 정말 안타까워요. 그들의 기득권은 사실 특권이잖아요? 국민들에게 잘 봉사하라는 의미에서 특별히 내어준 권력인데, 그걸 잊은 사람들 때문에 사회가 어지러워지는 것 같아요.

기업인들도 마찬가지예요. 기업인들은 다른 게 아니라 사업으로서 나라에 봉사하는 사람들이에요. 일부 우리나라 오너 일가들이 본인들만 어떻게든 잘 먹고 잘살려고 하는 모습을 보이면 참 씁쓸하죠. 모든 기업들이 세금도 떳떳하게 잘 내고 법도 잘 지키는 모범을 보였으면 좋겠어요. 기업인들이 책임감을 가지고 회사를 건강하게 제대로 운영해서, 사업 규모도 키우고 직원들에게 월급도 많이 주면서 복지를 늘리면 그것만큼 사회에 기여하는 게 어디 있겠어요.

# 남편 김석문,
# 아빠 김석문, 아들 김석문

사업을 하는 데 있어 상대방의 마음을 얻고 신뢰를 쌓는 것은 가장 중요한 기본이다. 가족 간의 관계도 마찬가지다. 꾸준한 소통과 진정성이 필요하다. "가정이 가장 중요했고, 결국 가족을 위해 살아왔다"고 말하는 김석문 회장은 자신을 위해 평생 뒷바라지해준 아내와 다소 무뚝뚝한 아버지에게 먼저 한 발짝 다가와준 자녀들에 대한 고마움과 사랑을 고백했다.

**Q** 사모님은 어떤 분이십니까. 어떻게 만나셨나요.

**A** 선을 봤어요. 사촌이 중매를 했죠. 당시에 선을 꽤 많이 봤는데, 다른 여자들을 만났을 때와 달랐어요. 다른 여자들은 첫 만남이 괜찮았더라도 만날수록 그저 그랬는데, 집사람은 인연이 되려고 그랬는지 보면 볼수록 더 괜찮았죠. 대화를 해보니까 취향도 비슷하고, 성격도 좋더라고요. 정말 착하거든요. 집사람이 아홉 남매 중 막내예요. 장모님께서 마흔 넘어서 집사람을 낳았더라고요. 집사람 위로 오빠만 일곱 명이 있는데, 장모님과 오빠들이 정말 귀하게 여기며 집사람을 키웠다고 해요.

집사람과 만난 지 별로 안 됐을 때인데 오빠 중 한 사람, 그러니까 큰 처남이 집에 한번 오라고 하더라고요. 그때 장모님을 비롯해 집사람 식구들을 처음 봤는데 집안 분위기가 정말 좋았어요. 처남들이 하나같이 다 괜찮았죠. 장모님도 지금은 '살아 계신 부처님'이라고 부르는데 인품이 정말 훌륭하셨죠. 당시 큰 처남이 그랬어요. "사람 많이 본다고 다 아는 것 아니다. 내 동생이 마음에 들면 결정을 해줬으면 좋겠다." 옛말에 '그 사람을 알려면, 그 집안을 보라'는 말이 있잖아요. 그래서 평생 아내와 처가 사람들을 존경하면서 잘 살 수 있겠다는 생각이 들었죠.

사랑하는 어머니 아버지 께

**Q** 결혼 생활은 어떠셨나요.

**A** 집사람이 정말 저를 아껴줬어요. 옛날에도 새벽 골프를 나가면 항상 밥을 챙겨줬어요. 같이 골프 치는 사람에게 "난 집사람이 밥을 해줘서 먹고 왔다"고 하면 "어떻게 하면 그런 대접을 받고 사느냐. 와이프가 대단하다"고 했을 정도니까.(웃음) 그런데 제가 경상도 남자라서 그런지 무뚝뚝해서 평소 애정 표현을 잘 못했거든요. 사랑한다는 말도 자주 하고 그래야 하는데…… 그런 걸 잘 못해요. 마음으로는 정말 그렇지 않은데 말이죠. 아내 입장에서는 많이 서운했겠죠. 앞으로는 제 마음을 많이 표현하려고 합니다. 얼마 전에 아내 생일이어서 꽃다발을 선물했는데요, 앞으로 더 잘해야죠. 서로 더 보듬고 더 깊이 헤아려가면서 그럴게요.

**Q** 아들 김인택 대표에게는 어떤 아버지셨나요? 아들과의 추억을 말씀해주신다면?

**A** 아들이 고등학생 때, 제가 선생님들을 모시고 아들 몰래 식사를 한번 대접해드린 적이 있어요. 제 마음으로는 아들의 학교생활도 궁금하고 해서, 이야기도 들을 겸 부담 없이 밥 한 끼 함께 식사하고 싶었죠. 선생님들 말을 들어보니 아들이 친구들 사이에서 꽤 리더십 있다고 하더군요. 내심 뿌듯했죠. 그런데 제가 선생님 식사를 대접한 사실을 아들이 뒤늦게 알고 불같이 화를 내더라고요. "아들 잘 봐달라고 아부 하는 거 아니냐"고 하면서요. 그걸 보면 또 저랑 닮은 구석이 참 많아요. 저도 어디 가서 아부 떠는 걸 싫어하거든요.

아들이 지금 '도르만스코리아'라는 회사를 운영 중인데, 일하는 걸 보면 참 꼼꼼하게 잘해요. 관리도 철저하게 하고, 사람을 대할 때도 상대방을 존중할 줄 알죠. 주변 사람들이 참 칭찬을 많이 했어요. 아들 잘 키워냈다고.

다만 저는 인택이 같은 경우는 남자다 보니까 굉장히 강하게 키우고 싶었던 탓에 아주 다정한 아빠는 아니었던 것 같아요. 어릴 때부터 정말 엄하게 키웠거든요. 아들 입장에서는 아버지가 무섭고 어려웠을 거예요. 또 어떤 때는 원망했을 수도 있죠. 아주 오랜 시간이 지나고 나면, '우리 아버지가 이래서 이랬구나……' 하고 깨닫는 때가 올 거라 생각해요.

우리 애들이 저희 부부에게 편지를 많이 써요. 제가 그 편지들을 하나도 안 버리고 귀하게 다 보관하고 있는데…… 아들이 군대에 있을 때 한 번씩 보낸 편지를 보면 참 안쓰러우면서도 고마운 마음이 들어요. 아버지와 더 친해지고 싶다고 먼저 마음을 터놓고 다가와 줬거든요. 저도 애들한테 사랑을 많이 표현해서 다정다감한 아버지가 되려고 노력해야죠.

**Q** 딸 별희 씨 얘기도 듣고 싶습니다.

**A** 딸은 한 번도 저에게 야단을 맞아본 일이 없어요. 야단맞을 일을 안 했죠.(웃음) 학교 다닐 때도 돈이 필요하면 "아빠 돈 좀 주세요"라고 안 해요. '제가 이런저런 이유 때문에 돈이 필요한데 주실 수 있으세요?'라고 묻죠. 말을 참 예쁘게 하잖아요. 그러니 딸 부탁을 한 번도 안 들어준 적이 없어요. 고등학교 다닐 때도 학교 선생님들이 전하길, 교실 칠판을 별희가 다 닦는다고 하더라고요. 나무랄 데 없이 착하죠.

어릴 때부터 별희가 항상 하던 말이 '똑똑한 여자보다 현명한 여자가 되고 싶다'였는데, 꼭 그 말처럼 된 것 같아요. 지금도 보면 참 현명해요.

―――――

충남 공주 공장, 그리고 서울 송파구의 김 회장 집무실엔 똑같은 그림이 각각 걸려 있다. 김 회장 부모님의 초상화. 마치 옛 동사무소에 걸려 있던 대통령 사진처럼 각 공간의 가장 가운데, 제일 높은 곳에 위치한 부모님의 초상화. 김 회장의 효심을 그것만큼 잘 드러내주는 게 또 있을까.

―――――

**Q** 초상화를 액자로 걸어둘 정도로 부모님에 대한 마음이 애틋하십니다.

**A** 제가 어릴 땐 농경사회였잖아요. 아버지께서도 농사를 지었는데, 동네 산골짜기에 가장 좋은 논밭을 가지고 계셨죠. 옛날엔 물관리가 잘 안 돼서 농사를 짓기가 어려웠는데 저희 집은 가뭄이 들어도 항상 농사가 잘 됐어요. 집에 머슴을 두 명 둘 정도로 잘살았죠. 그땐 잘 산다고 해도 끼니 안 거르고 밥 잘 먹는 게 다였지만 남들처럼 학교 갈 돈이 없어서 못 가는 걱정은 안 하고 살았죠.

아버지는 사랑방에서, 어머니는 큰 방에서 주무셨는데 전 항상 아버지 방에서 잠을 잤어요. 어머니께서 밤마다 물레를 돌려 길쌈을 하셨는데, 먼지가 많이 나니까 일부러 아버지 방에 보낸 거죠. 그 정도로 저에 대한 배려심이 깊으셨어요. 어머니께서 여든여섯 살까지 사셨는데, 돌아가실 때까지 제가 모시고 살았습니다.

아버지는 제가 군대 있을 때 돌아가셨어요. 임종 당시 얼굴도 못 뵈었죠. 아버지께서도 야단 한 번 안 칠 정도로 저를 아껴주셨어요. 직접 고구마도 깎아주고, 무도 깎아주셨죠. 장날에 장에 나가셨다가 소주를 거나하게 들이키고선 다시 돌아와 밤새 저를 안 재우곤 하셨어요. 그땐 그게 그렇게 싫었어요. '난 절대 안 그래야지' 싶었죠. 그래서 전 지금도 술 마시면 바로 자요.(웃음)

# 어려울수록 똘똘 뭉친
# 신일의 식구들

김 회장의 또 다른 가족, 바로 신일팜글라스의 식구들이다. 직원들을 향한 김 회장의 대우는 여느 중소기업과 다르다. '다른 사람과 더불어 살아가는 것'을 중히 여기는 김 회장의 태도는 신일팜글라스만의 독특한 사내 복지를 만들어냈다.

**Q** **'신일팜글라스'만의 사내 복지가 남다르다는 얘기를 들었습니다.**

**A** 저희 회사는 정년 퇴임 규정이 따로 없어요. 서울 사무소 부사장님은 일흔을 넘기셨죠. 공주 공장 총괄하시는 이항규 부사장님도 다른 회사 임원들의 통상적인 퇴임 나이를 훌쩍 넘기셨고요. 직장 생활 하면서 가장 좋은 게 뭔지 아세요? 오래 다니는 것이에요. 돈을 버는 것도 중요하지만 일을 꾸준히 하는 것만큼 좋은 게 없거든요. 제가 직원들에게 항상 그럽니다. "나이에 상관없이 우리 능력껏 살아가자. 각자가 제 밥벌이하면서 같이 살아가면 좋지 않겠느냐"고요.

또 1년에 두 번씩, 간부급들에게 자율 휴가제를 실시하고 있어요. 경비를 회사에서 지원해서 여행을 보내주는데, 갔다 온 직원들의 업무 능력이 눈에 띄게 좋아지더라고요. 그러니 그런 복지를 도입하지 않을 이유가 없죠. 몇 년 전엔 장학금 제도를 만들었어요. 많이는 아니어도 자녀들의 연령에 맞게 학자금을 지원하고 있죠.

원래 제 꿈이 우리 업종에서 직원들에게 월급을 가장 많이 주는 사장이 되는 것이었어요. 그런데 아직까지는 그 목표를 이루지 못했죠. 말씀드렸다시피, 그동안 회사가 시설 투자에 신경을 많이 썼거든요. 좋은 시설을 갖춰놓지 않으면 경쟁력을 잃기 때문에 회사의 장기적인 발전을 위해 꾸준히 투자를 해왔죠. 또 우리 업종이 시장이 안정적이라는 장점도 있지만 일정 부분 이상 성장하는 데 한계가 있다는 특징도 있습니다. 그러니 사업다각화 등을 통해 회사를 성장시켜서 직원들에게 좀 더 많이 돌아가게끔 만들려고 합니다. 올해부턴 결산 후 이익분의 일정액을 직원들에게 배당하는 제도를 도입해보려 검토하고 있어요.

**Q** 직원 교육에도 특별히 신경 쓰신다고 들었습니다.

**A** 제가 외부 강연을 많이 다니다 보니까 저 자신이 굉장히 많이 성장한다는 느낌을 받았습니다. 사람이 한 자리에 있다 보면 도태될 수 있기 때문에 외부적 자극이 반드시 필요하거든요. 그래서 이러한 교육적 혜택을 저 혼자 누리기보다 직원들도 같이 나누면 참 좋겠다는 생각이 들더라고요. 그래서 월례조회 때 외부강사를 초청해서 직원들이 더 많은 것을 보고 배울 수 있도록 하고 있습니다. 또 권장도서를 직원들한테 나눠주기도 하고요. 그렇게 오랫동안 하다 보니까 직원들의 의식이 전보다 좀 더 성숙해졌다는 것을 느낍니다. 직원들이 성장하면 회사가 그만큼 더 커나가는 것이기 때문에 이런 부분은 계속 투자하려 합니다.

이처럼 직원들 교육에도 신경 쓰고 있지만, 평소에 직원들 생활에 도움이 되겠다 싶은 정보들을 잘 전해주는 편입니다. 생각해보면 남이 잘 됐으면 좋겠다는 게 저의 기본적인 성향이에요. 그러다 보니 질투도 잘 안 하죠. 주변의 누구든 잘 됐으면 좋겠고, 잘 되면 참 기분이 좋거든요. 더불어 사는 세상이다 보니 나 혼자 잘 먹고 잘사는 것보다 다 같이 잘살면 참 좋잖아요?

그렇게 될 수 있도록 인생을 먼저 살아본 선배들이 아직 시작점에 서 있는, 또 갈림길에 서 있는 젊은이들을 위해서 애정 어린 조언을 해주는 게 저는 정말 중요하다고 생각합니다. 직접 손을 끌고 길을 나서줄 수는 없지만, '어떤 길이 옳다'라는 조언자로서 길을 밝혀줄 수는 있잖아요? 저는 이것도 인생의 선배로서 하나의 사명감을 가지고 젊은이들에게 도움이 될 만한 것들을 전해야 한다고 생각해요.

**Q** 직원들에게 특별히 고마움을 느꼈을 때가 있나요.

**A** 매순간 고맙죠. IMF 시절이 특히 기억에 많이 남아요. 당시 경제 돌아가는 꼴이 심상치 않아 어느 정도 예상을 하고 있긴 했어요. 달러도 확보해놓고 원자재 재고도 늘려놨었는데 IMF 사태가 예상보다도 훨씬 심각했어요. 이러다가 '부도나겠다' 싶은 상황이었는데 그때 직원들이 '당분간 월급 안 받아도 좋으니 끝까지 해보자'며 오히려 격려를 해줬어요. 자기 적금을 깨고 돈을 빌려주겠다는 직원이 있을 정도였죠. 이 정도로 직원들의 애사심이 강한데 어떻게 제가 포기를 할 수 있겠습니까. 지금 이런저런 회사 복지를 고민하는 것도 그때 느낀 직원들의 고마움을 잊을 수 없어서인 것 같아요.

제가 또 하나 고마움을 느끼면서 가장 마음 아프게 생각하는 게 (의료용기) 검수원들이에요. 이 직원들이 하루에 열두 시간씩 앉아서 일을 해요. 우리 회사에서 검수원들만큼 고생하는 사람이 없는데, 단순 노동이라 월급을 얼마 못 받죠. 봉급 주는 입장에서 저는 그게 마음이 제일 아파요. 그렇다고 직원들의 월급을 모두 똑같이 줄 순 없으니…… 그 사람들 고생하는 걸 헤아릴 줄 알아야 한다고 임원들에게 자주 얘기하죠.

**Q** 공장 견학을 하면서 보니 검수원 중에 외국인 근로자들도 많던데요.

**A** 우리나라 젊은이들이 그런 일은 안 하려고 하니까 외국인 근로자들을 고용할 수밖에 없죠. 그들이 없으면 우리 회사는 돌아가질 않아요. 최근엔 베트남에서 온 직원이 갑자기 배가 아프다고 해서 서울의 한 대학 병원에서 급하게 수술을 했는데, 나중에 수술도 잘 마치고 우리 직원들이 잘 돌봐줬다고 합니다. 불행 중 다행인 게, 그래도 우리 회사에서 있을 때 일어난 일이라 제때 치료를 잘 받고 별 탈 없이 회복할 수 있지 않았나 그런 생각이 들더라고요.

그런데 가만히 생각해보면 우리나라가 예전에 그랬거든요. 독일에 간호사로 가서 돈을 벌어오고, 사탕수수 베러 해외 나가고, 몇 천 미터 갱에 내려가 석탄을 캐고……. 그렇게 어렵게 번 돈으로 지금의 우리나라를 만든 것이죠. 그때 외국에서 고생한 한국인들이나 지금 한국에 들어와 있는 외국인들이 다를 게 없어요. 그런데 우리가 이제 조금 잘산다고 해서 외국인 근로자들 봉급도 제때 안 주고, 심지어 폭행을 했다는 이야기가 들리면 참 안타까워요. 사실 따지고 보면 그 친구들은 우리나라에 온 외교관이나 마찬가지예요. 한국에서 일을 하다가 본국으로 돌아가면 그들이 하는 말이 곧 한국 이미지를 결정하잖아요. 그래서 저희는 외국인 근로자들 대우에 신경을 많이 써요. 그래서인지, (취업비자 만료로) 고향에 돌아갔다가 다시 우리 회사로 돌아오는 친구들이 많죠.(웃음)

# 김석문이 말하는 **앞으로의 30년**

———

김 회장은 조찬 모임 예찬론자다. 서울 사무실과 공주 공장을 오가는 사업 강행
군 속에서도 한 달 평균 10번 이상 여러 조찬에 꼬박꼬박 얼굴을 내민다. 하루
일정 챙기는 일도 버거운 사업가들에게 미래를 내다보는 데 있어 조찬 강의만
큼 좋은 게 없다고 김 회장은 말한다.

김 회장의 조찬 사랑, 그리고 그가 그리고 있는 회사의 미래를 물었다. 2016년
은 회사를 설립한 지 꼭 30년이 되는 해. '하나님의 뜻'으로 큰 위기 없이 회사를
잘 일궈온 그가 꿈꾸는 앞으로의 30년은 어떤 모습일까.

그의 솔직한 답변은 이렇다. "한 치 앞도 못 내다보는데 어떻게 30년을 내다보
느냐." 당장 내일 무슨 일이 일어날지 아무것도 알 수 없는 세상살이의 해법. 김
회장은 말한다. "그때그때 시대에 맞춰 잘 적응해 나가고, 변화에 잘 대처하는
게 방법이라면 방법입니다."

———

**Q** 한 달에 열 번 이상은 조찬 모임에 나가신다고 말씀하셨습니다.

**A** 정기적으로 하는 것도 있고, 비정기적으로 하는 것도 있어서 정확하진 않지만 대략 그렇
습니다. 유명하고 좋은 강의는 마감이 아주 일찍 끝나서 신청을 못할 때가 있어요. 그래도
그냥 가요. 꼭 한 자리쯤은 공석이 나오기 때문에, 그 기회를 노렸다가 들어가는 거죠. 전
강연 전체를 꼭 녹음해요. 저는 보통 대중교통을 이용해서 서울과 공주를 왔다 갔다 하는
데, 그때마다 녹음된 내용을 몇 번이고 듣지요.

사업가는 공부를 해야 해요. 앞을 내다보는 통찰력이 중요하니까. 그런데 책만 봐선 알 수
가 없죠. 사업하느라 바빠서 공부를 제대로 할 시간도 없고요. 그런데 조찬 강의에 나온 전
문가들은 한 분야를 엄청나게 공부해서 한두 시간 분량으로 요약해 말해주는 것이잖아요.
한 마디만 제대로 들어도 굉장한 도움이 되죠.

강사들이 말해주는 전망을 듣고선 '세상이 앞으로 이렇게 바뀌겠구나. 우리가 이렇게 대응을 해나가야겠구나' 하는 것이죠. 강의를 듣고 온 뒤엔 직원들에게 내용을 얘기해줘요. 그렇게 하나하나씩 차근차근 대처하고, 바꿔 나가야 기업이 장수할 수 있는 것 같아요. 그렇지 않고서 '지금 하고 있는 것 하나만 잘해서 먹고살겠다'는 식으로 하면 망하는 것이고요.

**Q** 중국 업체와 합작회사인 쌍봉유리를 설립한 것도 그때그때의 시대 변화에 맞춰 발 빠른 대응을 해야 한다는 회장님의 경영 철학 덕분에 가능했던 것 같습니다.

**A** 중국이 본격적으로 시장 개방을 할 때인 1990년에 저희 회사가 중국에 진출했습니다. 가만 보니까 중국 시장의 성장 가능성이 무궁무진할 것 같더군요. 반면에 우리나라의 인건비는 계속 올라가니까 사업하는 사람 입장에선 대책이 필요했을 때였어요. 아마 가장 먼저 중국에 진출한 기업 가운데 하나가 저희 회사일 겁니다. 오랜만에 중국 합작회사를 방문할 기회가 있어 최근에 다녀왔는데 그 사이 규모가 엄청나게 커졌더군요. 중국이 시장 개방 이후에 경제 성장이 급격하게 이뤄졌고, 덕분에 옛날엔 주사 한 대도 못 맞던 사람들도 이제는 다 의료 혜택을 보게 됐잖아요. 그 덕분에 의료용기 수요가 어마어마하게 늘어났다고 하더군요.

저희가 처음 진출할 당시엔 중국 기업들의 기술이 형편없었어요. 품질에 대한 개념 자체가 없었죠. 합작회사를 만든 뒤에 이때껏 저희가 익힌 기술적 노하우나 품질 관리 시스템 등을 다 가르쳐줬죠. 사실 저희도 처음 의료용기를 만들 당시엔 손으로, 입으로 만들 때였으니까 품질이 좋지 않았잖아요. 그렇게 시행착오를 거쳐가며 노하우를 익히고, 품질 수준도 높인 건데, 중국 기업 입장에선 저희 덕에 훨씬 쉽게 그런 기술들을 익힐 수 있었던 것이죠.

그런데 이번에 다시 가보니까 발전 속도가 놀라울 정도더라고요. 공장이 세 군데나 되는데, 공장 한 곳의 크기가 저희 회사보다 더 크고, 설비 라인도 엄청 늘렸더군요. 오히려 우리가 이젠 배워야 할 게 있을 정도로 바꿔서 이것저것을 사진으로 담아 우리 직원들에게 보여줬죠.

'세상이 이렇게 변했구나' 하는 격세지감을 느끼면서도 한편에선 화가 나더군요. 우리가 기술을 가르쳐주던 중국이 이렇게 성장을 해 오히려 저희가 배울 정도가 됐으니까요. 우리나라 기업들이 정신을 바짝 차리지 않으면 경쟁에서 밀리는 건 순식간이에요.

**Q** 회사 창립 30년을 맞으셨는데요. 목표하시는 앞으로의 30년이 궁금합니다.

**A** 30년이라……요샌 시대가 너무 급격하게 바뀌잖아요. 한 치 앞을 내다보지 못할 정도로. 사실 30년, 50년을 살아갈 수 있는 방법은 그 시대에 맞도록 잘 대처해 나가는 것밖엔 없는 것 같아요. 그때그때의 상황에 어떻게 대처해 나가느냐가 가장 중요하다고 봐요.

예를 들어 저희가 주력으로 삼고 있는 의료용기도 언제 다른 것으로 대체될지 모르잖아요. 그런 변화에 대처할 수 있는 시스템을 만들어가야 한다고 직원들에게 항상 얘기하죠. 의료용기 외에도 요새 화장품용기를 만들고, 각종 헬스케어 제품을 수입·판매하는 등 사업 다각화에 매진하고 있는 이유도 그 때문이에요. 2000년도엔 (주)HKP라는 무역 전담 회사도 설립했어요. 이 업체를 통해 무역도 하고 주문자생산방식(OEM) 제조 사업도 하고 있지요.

앞으로의 30년을 살아가는 데 가장 중요한 것을 말하라고 한다면, 시대에 맞도록 적응해 가고 변화해 나갈 수 있는 통찰력이라고 봅니다.

# 세상에 **무엇을 남기고 갈 것인가**

―――――

누군가에게 받은 도움을 다른 누군가에게 되돌려주는 것. '노블리스 오블리제 (noblesse oblige)'의 기본인 사회적 환원을 김 회장은 '도움의 릴레이'로 표현했다. 그 릴레이의 첫 주자로 나선 김 회장은 2015년 자신의 호 '심향(心香)'에서 이름을 딴 '심향재단'을 설립했다. 단순히 기업가로서 사회에 기여하는 것뿐 아니라 재단을 통해 국내외의 어려운 이웃을 돕기 위해서였다. 그리고 더 많은 사람들이 좋은 일에 동참하여 자신에게 주어진 삶을 더욱 보람되게 만들 수 있도록 이바지하는 것이 삶의 또 다른 목표가 됐다.

―――――

**Q 아프리카 선교 활동을 지원하는 일을 하시더군요.**

**A** 지금으로부터 십수 년 전에 명지대 크리스천 최고경영자 과정을 다닐 때였어요. 그곳에서 미국 하와이로 연수를 갔는데 이순자라는 선교사 할머니께서 강의를 하시더라고요. 하나님에 대한 믿음이 왜 필요한지, 선교가 왜 중요한지 등을 말씀해주시는데 너무 감동을 받았어요. 명함을 주고받고선 그 뒤로 계속 연락을 했지요.

하루는 선교사님께서 아프리카 케냐에 선교를 가는데 함께 가면 어떻겠냐고 하시더라고요. "전 사업 때문에 어려울 것 같고 제 아들, 아내와 함께 가시면 좋겠다"고 했죠. 마침 제 아들이 미국에서 어학연수를 마치고 자기도 사업해보겠다면서 이것저것 찾고 있을 때였거든요. 그래서 "사회에 처음 진출하면서 선교를 한번 하고 오는 것도 좋을 것 같다"고 설득해 아들을 아프리카에 보냈죠.

처음엔 아들이 나이로비에만 있다가 돌아오려고 하더라고요. "그러려면 뭐 하러 갔느냐. 오지도 갔다 오라"고 했죠. 그동안 아들은 어떻게 보면 부족함 없이 평탄하게 자라왔는데,

그곳에서 가난하고 굶주린 아이들의 실상을 보고 큰 깨달음을 얻었다고 하더라고요.

아들이 사업 쪽으로도 머리를 썼더군요. 선교를 하러 간 곳이 커피로 유명한 지역이었는데 한국에 돌아와서 그 커피를 수입해 커피점을 차렸으면 좋겠다고 하더라고요. 그래서 아들 앞으로 대출을 해 그 빚을 직접 갚는 조건으로 사업을 지원해줬어요.

그 뒤에 이종도 선교사님을 알게 됐는데, 그분이 미국에서 박사학위를 받으시고 정말 유능하신 분이세요. 한국의 큰 교회에서 서로 모셔오겠다고 했는데 그걸 마다하고 아프리카에 가셨거든요. 그런데 막상 아프리카에 가보니 언어만 50개가 넘으니까 영어만 가지고선 선교를 할 수 없는 거예요. 안 되겠다 싶어 그곳에 신학대학교를 세워 학생들로 하여금 직접 교회를 개척하여 선교를 해야겠다고 생각하신 거죠.

처음엔 우리나라에 있던 옛날 야학처럼 조그마한 곳을 얻어 학생 모집을 하고, 장학금도 주신 모양이에요. 그렇게 가르친 한 친구가 '자기도 초등학생이나 유치원 애들을 가르치면 좋겠는데, 300달러만 지원해달라'고 했다는 거예요. 마침 제가 아들에게 "선교 다녀온 덕분에 사업도 시작하게 됐는데, 후원금을 얼마라도 보내라"라고 했던 차였거든. 그래서 그 300달러를 제 아들 김인택이 후원하게 됐어요. 그렇게 아프리카와 첫 인연을 맺었죠.

**Q** **아드님을 통해 간접적으로 첫 후원을 하신 셈이네요.**

**A** 네, 그러다가 지원금을 대폭 늘리게 된 계기가 있어요. 선교사님께서 야학 형태로 조그맣게 운영하던 학교 사업을 신학대학으로 확대하셨는데요. 원래 이 활동을 뒤에서 지원해주시던 정한봉 장로님이 계셨는데, 갑자기 형편이 어려워져 혼자서 선교사님을 도와주시기 힘들게 된 거예요.

이종도 선교사님 소개로 정한봉 장로님을 뵀죠. 지금 겪고 있는 어려움을 쭉 얘기하면서 당신 신앙 말씀을 하시는데, 하나님에 대한 믿음과 확신이 이렇게 대단하신 분이 있구나 싶더라고요. 대화 끝 무렵에 자연스럽게 선교사님 학교 얘기가 나왔죠. 신학대학 짓는 일에 후원을 해줄 수 없느냐고 부탁을 하시더라고요. '당신이 2만 5,000달러를 보내야 하는데 사정이 생겨 1만 5,000달러밖엔 못 보낼 것 같다. 나머지 1만 달러를 도와줄 수 없겠느냐'고. 그 자리에서 "제가 해드리겠다"고 하고선 다음 날 바로 보내드렸어요. 그렇게 처음 인연을 맺은 이후에 신학대학 짓는 일을 비롯해 선교사님의 아프리카 선교 활동에 한 푼 두 푼 후원을 하게 됐죠.

**Q** 본격적인 아프리카 선교 지원을 위해 회장님의 호를 딴 심향재단을 만드셨죠.

**A** 2015년도에 재단을 만들었어요. 재단을 만들게 된 동기를 말씀드려야겠네요. 선교사님이 케냐에 세운 신학대학이 종합대학이 될 정도로 커졌어요. 그런데 종합대학을 만들려면 기본적으로 필요한 건물이 있으니까 돈이 어마어마하게 들어가는 거예요. 저 혼자 할 수 있는 게 한계가 온 거죠. 차라리 재단을 만들어서 모금을 하는 게 좋겠다 싶더라고요.

제 목표가 월 1만 원씩 기부하는 사람 십만 명을 모으는 거예요. 그렇게 되면 월 10억을 모을 수 있게 되고, 그러면 정말 훌륭한 대학을 만들 수 있겠다 싶더라고요. 제가 하나님이 주신 기회라고 느낄 만큼 좋은 조건으로 취득한 건물이 있어요. 저는 재단을 만들면서 이 건물은 하나님의 선물이라 생각하고 현물출자 방식으로 재단에 넣어서 재단의 기본자산을 공고히 하게 되었어요.

주변 사람들에게 자주 얘기하는 게 있어요. "케냐에 있는 대학이 우리나라의 연세대학교 정도로 커졌으면 좋겠다." 우리나라가 정말 어려울 때 선교사들이 와서 만든 게 연세대잖아요. 지금 그 대학을 나온 사람들이 우리 사회에서 얼마나 큰일을 많이 하고 있습니까.

지금 중국이 아프리카에 인프라를 거의 공짜로 깔아주고 있대요. 그것이야 결국 자기 나라 좋자고 하는 일이고. (반대로) 우리가 학교를 짓는 건 인재를 키워서 그 나라를 키워주는 것이잖아요. 무작정 돈만 대주는 것보다 훨씬 보람된 일이죠. 우리도 어려울 때 여러 나라로부터 원조를 받았잖아요. 그 덕에 지금 대한민국이 이만큼 먹고살 만해졌는데 다시 되돌려줘야죠.

재단 만드는 일 관련해 집에서 오해하는 게 있어요. 사실 저나 식구들 모두 충분히 먹고살 수 있는 형편이 됐잖아요. 그래서 집사람에게 '죽을 때 내 재산을 모두 재단에 넣고 싶다'고 했죠. 사실 제가 십여 년 전에 종신보험을 들면서 유서를 하나 쓴 적이 있어요. 아들, 딸 앞으로 남겨놓은 내용이 '너희들이 훌륭하게 잘 커서 먹고살 수만 있다면 난 이후에 재단을 만들어서 재산을 모두 기부하고 싶다'는 것이었어요.

지금까지의 삶을 되짚어 보면 전 다른 건 몰라도 정의롭게 살려고 노력했던 것 같아요. 스스로 마음이 여리다고 생각해요. 저는 어렸을 때부터 별 어려움이 없이 컸어요. 제 어머니가 항상 그러셨죠. "너 낳고부터 우리 집안이 참 잘 됐다. 네가 복이 많은 아이다." 그 말처럼 별 탈 없이 인생을 살아왔는데, 전 정말 돈에 대한 욕심이 없거든요. 그래서 제 돈을 어

떻게, 어디에 의미 있게 쓸 것인가가 지금의 저에겐 너무 중요해요.

저는 지금 케냐에 학교를 짓고 재단을 통해 도울 수 있다는 게 정말 얼마나 기쁜지 몰라요. 제가 누군가를 돕고 싶다 해도 마땅한 곳을 찾기 어렵고, 그렇게 뜻대로 다할 수 있는 것도 아니잖아요? 이렇게 인연이 닿게 된 것도, 참 운이 좋았다고 생각해요. 그래서 저는 사람들이 후원금을 많이 내는 것보다 만 원씩이라도, 부담 없는 선에서 소액으로 꾸준히 했으면 좋겠는데, 제가 느꼈던 뿌듯함을 사람들도 경험해봤으면 하는 거예요. 자기가 번 돈을 오로지 자신만을 위해 100% 쓰는 것 하고, 순수하게 남을 위해서 내 몫을 내주는 것은 완전히 달라요. 그때부터 삶이 달라지는 거예요.

얼마 전에 인간개발연구원 회원들 30여 명 하고 케냐에 다녀왔어요. 그분들도 케냐 학교 짓는 데 도움을 주신 분들인데, 학교 설립을 기념하는 헌당식에 함께 참여했거든요. 학교를 만드는 일은 물론 한 사람이 할 수도 있지만, 저는 되도록 많은 사람들이 참여할 수 있게끔 기회를 주고 싶어요. 개인 김석문이 지은 학교면 안 되거든요. 여러 명이서 참여해야 의미가 있어요. 개인이 하면 괜히 학교에 대한 욕심이 생겨서 절대 안 돼요. 그 학교는 심향재단 것도 아니고, 개인 김석문의 것은 더더욱 아니고, 케냐의 것이어야 해요. 그곳에서 학교 짓는 데 고생하시는 이종도 선교사님께서 처음부터 그렇게 이야기를 했어요. 이 학교는 케냐 사람들의 것이고, 그들이 키워서 정착하게끔 만들어야 한다고 말이에요.

그래서 저는 개인 김석문이 혼자 돋보이지 않았으면 하고, 그곳에서 진짜 땀 흘리고, 또 안전에 위협을 받으면서 학교 만드는 일을 하나하나 챙겨온 이종도 선교사님과 사모님 같은 분들의 얼굴이 빛나야 한다고 생각해요. 물론 기업들의 역할도 있지만 실제로 현장에서 학교를 손수 만든 분들은 그분들이거든요.

**Q** 재단을 통해선 아프리카 선교 지원만 하시나요.

**A** 재단을 만들기 전에도 국내의 가정 형편이 어려워 제대로 공부하지 못하는 아이들에게 장학금을 지원해왔어요. 요새도 재단을 통해 지원하고 있죠. 어려운 애들을 도와줄 때마다 그 친구들에게 강조하는 게 있어요. "내가 이 돈을 공짜로 주는 게 아니다. 지금은 네가 어려워 도와주지만 나중에 성공하면 꼭 갚아라. 그래야 내가 그 돈을 받아서 너처럼 어려운 사람을 또 도와줄 수 있다"고 말이죠. 이러한 것들이 릴레이가 돼야 하거든요. 저에게서 도움을 받은 친구들이 잘 성장해 사회에 이바지할 수 있는 성인이 되면 그 친구들이 또 자신처럼 형편이 어려운 소년소녀들을 돕고, 다시 그 친구들이 성장하면 또 다른 어려운 친

구들을 돕고…… 이러한 선행들이 계속해서 선순환하여 돌고 돌아야 합니다. 간단합니다. 내가 누군가에게서 받은 바통을 자연스럽게 다음 사람에게 건네주는 거예요.

누구든지 마찬가지입니다. 혼자서 뿌리내리고 성장하는 나무는 없거든요. 누군가 바탕으로 깔아준 양질의 토양과 따뜻하게 내리쬐어준 햇살 등등 양분이 있었기에 결실을 맺을 수 있었잖아요. 그걸 인지한다면 자신이 지금까지 받은 도움을 이제는 누군가에게 똑같이 나눠줘야죠. 그렇게 되면 자연스럽게 사회가 각박해지지 않고 따뜻해질 거라고 생각하고요. 그런 세상이 되길 저는 바라고 있습니다.

# talk & learn

# 세상을 향한
## 목소리

# "영업이란
# 상대방에게 이익을 주는 것"

저는 영업이란, 상대방에게 이익을 줄 수 있어야 된다고 생각합니다. 저만 이익을 얻는다고 될 일이 아니라는 거죠. 중국 사람들은 의심이 많습니다. 하지만 그 의심을 '진정성'으로 정면 돌파한 결과, 중국과 끈끈한 관계를 맺게 됐습니다.

– 《IBK가 만드는 중소기업 CEO REPORT》 2016년 6월호 인터뷰 中

# "좋은 시설이
좋은 제품을 만든다"

보다 안전하고 경쟁력 있는 의료용기를 만들기 위해선 선진 자동화기계 라인의 도입이 시급하다고 판단했습니다. 유럽과 미국 등 좋은 기계가 있는 곳이라면 어디든 달려갔습니다. 그것이 해결된 후에는 양질의 원자재와 고품질의 의료용품을 구하기 위해 해외출장을 다녔습니다. 지속적인 교류와 방문을 통해 유수의 기업들과 대리점 계약도 할 수 있었습니다. '좋은 시설이 좋은 제품을 만든다'는 신념이 있었고, 해외시장을 통한 시설투자로 국내에서 최고의 시설을 갖춘 기업이 되고자 했습니다.

– 《우리은행 비즈니스클럽》 2012년 8월호 인터뷰 中

"스스로가
주인이라는 생각으로 일해야"

― 《사이언스엠디뉴스》 2007.09.03 인터뷰 中

"직원 교육이
기업의 미래다"

— 《IBK가 만드는 중소기업 CEO REPORT》 2016년 6월호 인터뷰 中

Part
06

# +special theme

# 김석문의 꿈이 담긴 곳, 심향재단

# 김석문,
# 아프리카를
# 만나다

신비의 땅, 검은 대륙 아프리카는 여전히 세계 최대 빈민국입니다.
눈부실 만큼 아름답고 광활한 자연이 눈앞에 펼쳐져 있지만,
케냐의 1인당 국민소득은 1,500달러, 실업률은 38% 수준으로
주민 대다수가 하루에 500원으로 생활하는 극빈층입니다.
가난과 에이즈 같은 질병으로 한 해에 수많은 어린 아이들이 고아가 됩니다.

# 심향재단,
# 케냐에
# 희망의
# 씨앗을 심다

케냐 주민들의 주 생계 수단은 농사. 아이들은 학교에서 공부를 하면서 동시에 농사짓는 법, 밭에서 작물을 키우는 법을 배웁니다. 어느 날, 마땅히 공부할 수 있는 공간이 없어 움막 같은 곳에 옹기종기 모여 있는 아이들을 본 김석문 회장은 몸바사 우쿤다에 부지를 구입해 작은 학교를 짓기 시작했습니다. 20여 년이 넘는 세월 동안 무덥고 낯선 땅에서 희망을 전파하고 있는 선교사 분들과 크고 작은 성원을 보내준 후원자 분들의 도움으로 심향재단이 만들어졌습니다.

# 아이들에게 가장 필요한 것은 학교, 그리고 교육

심향재단은 한 사람, 한 사람의 꿈을 모아 유소년 아이들이 공부하는 '디아니브라이트엔젤스아카데미'와 대학생들을 위한 '브릿지월드대학'을 지어 올릴 수 있었습니다. 이곳에서 아이들은 한국에서 전달된 필기구로 글씨를 받아쓰고, 후원자들의 마음이 담긴 컴퓨터로 더 많은 지혜를 습득하며, 심향재단에서 기증한 버스로 학교를 오가며 더 큰 꿈을 꿀 것입니다. 전기, 수도 시설도 제대로 갖추어져 있지 않은 열악한 곳이지만 지금 이 아이들에게 가장 필요한 것은 교육입니다. 제대로 된 교육만이 나라의 미래를 밝힐 수 있는 희망이라고 심향재단은 믿습니다.

# '꽃보다 CEO' 케냐 어린이들의 키다리 아저씨가 되다

'꽃보다 CEO 아프리카 순방단'이 떴다! 2017년 2월 28일, 김석문 회장과 심향재단은 그동안 꾸준히 후원을 보내준 인간개발연구원 회원들과 함께 케냐를 방문했다. 이번에도 케냐행 비행기에 오르는 김석문 회장의 양손은 무거웠다. 이곳저곳에서 보내준 후원물품들을 가득 짊어지고 떠난 것. 볼펜, 손수건, 티셔츠, 컴퓨터부터 어린 아이들을 위한 폭신폭신한 바닥재까지…… 따뜻한 온정을 보내준 고마운 분들 덕분에 심향재단은 이날 즐거운 마음으로 길을 떠났다.

아프리카에 대한 설렘을 안고 아침 일찍 공항에 모인 심향재단과 인간개발연구원 회원들은 우선 후원받은 물건들이 든 큰 가방을 하나씩 들고 수속을 밟았다. 운송비용을 줄이고자 여행자별 개인상한 중량이 넘치지 않게 이민가방에다 물건을 나눠 담은 것이다. 항공사의 비협조로 가방을 보내고 출국수속을 밟는 내내 진땀을 흘렸지만 '꽃보다 CEO 순방단'은 곧 만나게 될 신비의 땅 아프리카와 케냐 어린이들을 생각하며 비행기에 몸을 실었다.

**케냐로 가지고 가는 후원물품들**

## 한국에서 건너온 온정의 결실

22시간의 비행 끝에 나이로비에 도착한 순방단은 잠시 여독을 푼 뒤 우쿤다로 향했다. 우쿤다는 케냐 남동부에 위치한 몸바사라는 항구도시에 있는 마을이다. 나이로비에서 비행기로 1시간 정도 소요되는 거리에 있는데, 풍경이 아름다운 인도양을 끼고 있어 외국인들이 휴양지로 많이 찾는 곳이기도 하다. 관광업이 발달된 항구도시는 화려한 면면을 자랑하지만 그곳을 조금만 벗어나면 전기, 수도 시설도 제대로 되어 있지 않은 채 축복받지 못한 삶을 살아가는 주민들의 삭막한 터전이 펼쳐진다.

김석문 회장은 오래전 아프리카에 터전을 꾸리며 선교 활동을 하고 계신 이종도 목사님을 비롯한 선교사님들과의 인연으로 이곳을 처음 찾았다. 가난한 나라를 부강하게 만들 수 있는 것은 결국 교육뿐이며, 먹을 것과 입을 것보다 더욱 절실한 것은 학교라는 말에 적극 공감하여 이곳에 부지를 구입하고 학교를 짓기 시작했다. 한국에서 보내준 물건과 후원금으로 허허벌판이었던 땅에 아이들이 공부할 수 있는 교실과 작은 기숙사, 도서실, 컴퓨터실 등이 하나둘 만들어졌다.

케냐 우쿤다 주민들과 함께한 김석문 회장

## 케냐의 미래를 만들어갈 사랑의 학교

이번 '꽃보다 CEO 아프리카 순방단'의 방문이 특별했던 까닭은 학교가 완성되는 것을 기념하는 헌당식이 열리는 날이었기 때문이다. 한국에서 온 '키다리 아저씨'를 환영하는 케냐 어린이들과 주민들이 밝은 얼굴로 헌당식에 참여했다. 특히 이날은 인간개발연구원과 심향재단이 함께 마련한 스쿨버스도 2대 기증하여 더욱 뜻 깊은 날이었다. 김석문 회장과 심향재단의 꿈이 담긴 브라이트엔젤스아카데미에서는 유치원생부터 중학생까지의 교육과정을 진행하며 케냐 미래의 일꾼을 길러낼 것이다. 김석문 회장은 "이제 텃밭에 씨앗을 심었을 뿐, 아이들이 건강하고 튼튼한 나무로 성장하기 위해서는 아직 많은 이들의 관심과 보살핌이 필요하다"며 "많은 분들의 후원을 기다린다"고 전했다.

당신 차례입니다.

좋을 때나 안 좋을 때나, 인생의 고비마다
당신의 손을 잡고 일으켜 세워준 소중한 사람들을 잊지 마세요.
그리고 당신이 그동안 받았던 것처럼
똑같이 누군가의 손을 잡고 온기를 나눠주세요.
그게 우리가 할 일입니다.

# 金碩文

CEO 휴먼다큐 평전

**신일팜글라스 김석문 회장**

**기업가**의 소명에 **품격**을 더하다

**발행일** 2017년 7월 20일 **발행인** 김영희 **인터뷰이** 김석문 **기획·마케팅** 권두리 **취재·구성·집필** 유병온
(비즈업ᴮ²ᶻᵁᴾ) **편집·진행** 변호이 **디자인** 김은환 **발행처** (주)에프케이아이미디어 **등록번호** 13-860호 **주소**
07320 서울특별시 영등포구 여의대로 24 FKI타워 **전화** 웹·콘텐츠팀: 02-3771-0434, 영업팀: 02-3771-
0245 **홈페이지** www.fkimedia.co.kr **팩스** 02-3771-0138 **E-mail** drkwon@fkimedia.co.kr **ISBN** 978-
89-6374-243-4 03320 **정가** 1만 5,000원

한 권의 책에 담긴
한 기업가의 삶